DE LA SUPPRESSION

DES

PONTS A BASCULE.

Sèvres.—Imprimerie de M. CERF, rue Nationale, 144.

DE LA

SUPPRESSION

DES

PONTS A BASCULE

PAR

Charles Lemaire,

Employé aux Ponts et Chaussées.

CHEZ L'AUTEUR,

17, Rue des Dames, à Batignolles.

1848.

1849

DE LA SUPPRESSION

DES

PONTS A BASCULE.

EXPOSÉ.

Ce mémoire, œuvre d'un homme pratique, a pour but de démontrer l'inefficacité des ponts à bascule, quant à la conservation des routes. Ecrit en 1847, il fut, aussitôt après la révolution de février (le 29 mars 1848), adressé au nouveau gouvernement.

Le 19 mai, nous reçûmes du Ministre des travaux publics cet accusé de réception :

« L'Administration ne peut que vous savoir gré de cette communi-
» cation dans laquelle sont consignés d'utiles renseignements qui ne
» seront pas perdus de vue. »

Sept mois après, ayant fait quelques démarches pour connaître l'opinion des bureaux sur notre travail, nous apprenons que le chef de la division des routes l'avait lu ; qu'il y avait trouvé *du bon, beaucoup de bon* (venant d'administrateurs dont nous critiquons les actes, *sans jamais suspecter les intentions,* ce jugement nous satisfait complètement) ; mais l'administration n'est pas dans l'intention d'adopter nos conclusions ; elle dispose de trop peu d'emplois, n'exigeant pas de connaissances spéciales, pour renoncer à ce moyen de récompenser des services rendus : au contraire, le comité des finances ayant vu une économie dans la suppression des ponts à bascule, on a dû, pour sauver l'institution, insister sur le surcroit prétendu de dépenses d'entre tien des routes dans lesquelles cette suppression entraînerait l'Etat. L'administration considère cependant les ponts à bascule comme une institution vicieuse, mais l'intérêt général est sacrifié à l'intérêt particulier, et les bureaux veulent maintenir cette loi dont l'utilité se résume dans un certain nombre d'emplois à distribuer ; on espère qu'au milieu des graves questions qui s'agitent, celle-ci passera inaperçue, et on a donné des ordres pour le rétablissement des ponts à bascule détruits en février ; de toutes parts cependant des protestations se sont élevées : des conseils-généraux, des industriels, des ingénieurs des ponts et chaussées, des membres du conseil municipal de Paris, la société d'agriculture et le comice agricole de Seine-et-Oise, etc. se sont hautement prononcés contre cette loi, et ont demandé la suppression des ponts à bascule.

Les faits que nous signalons dans ce mémoire, et dont nous ne craignons pas de garantir l'exactitude prouveront suffisamment, nous l'espérons, que la justice, la morale publique, l'intérêt général, la dignité du corps des ponts et chaussées sont intéressés à la suppression des ponts à bascule.

Toute loi doit, dans un temps déterminé, être abolie ou révisée pour être mise en harmonie avec les besoins de l'époque. Le roulage, cependant, est encore sous l'empire des lois des 29 floréal an X et 7 Ventôse an XII. — Plusieurs décrets et ordonnances ont fixé ou modifié les poids que les voitures peuvent transporter, déterminé les cas de contravention, les pénalités qu'ils doivent entraîner ; divers projets de loi, soumis aux chambres, ont été étudiés et discutés ; mais tous sont restés dans les cartons du Ministère où ils sont encore. Il serait cependant difficile, au XIXe siècle, après plusieurs révolutions, d'imaginer une loi qui contienne autant de contradictions, de lacunes, d'absurdités ; une loi qui prête autant à l'arbitraire, qui couvre de son manteau les scandales les plus révoltants et alimente ainsi les passions les plus basses. Et l'on dit qu'être agent d'une telle loi, c'est occuper des fonctions honorables. — Honorable ! — L'emploi dans lequel on ne peut jamais mettre d'accord sa conscience et ses devoirs et où on est toujours placé entre la haine et le mépris des uns et le soupçon injurieux des autres.

Trois systèmes ont été en présence, toutes les fois qu'il a été question d'une loi sur la police du roulage :

1° Liberté absolue des chargements avec allocations plus considérables pour l'entretien des routes.

2° Limitation du chargement par le nombre de chevaux.

3° Limitation du chargement par le poids.

Chacun de ces systèmes a ses partisans. Nous sommes pour le premier. Nous avons suivi les discussions auxquelles ont donné lieu les projets de loi soumis aux chambres ; nous pensons que, si à tant de talent MM. d'Angeville, Ducos, Billaudel, Darblay, eussent joint quelques connaissances pratiques, le résultat de ces discussions eût pu être considérablement modifié.

La seule objection de quelque valeur qui ait été présentée contre le premier système, c'est l'accroissement de dépenses pour l'entretien des routes. Cette objection n'est que spécieuse ; toute la question est là : Les ponts à bascule sont-ils ou ne sont-ils pas les protecteurs de nos routes ? Nous espérons démontrer la négative. Nous demandons l'abolition complète de la loi, en établissant au besoin, sur les voitures, un impôt affecté à l'entretien des routes. Quelque minime que fût cet impôt, le trésor y trouverait avantage, les propriétaires de voitures le trouveraient moins vexatoire que les ponts à bascule ; et il pourrait au moins, bien différent en cela de la loi actuelle, être établi avec justice.

Le second système, entre autres inconvénients aurait celui de donner le monopole des transports aux grandes entreprises : le travailleur nécessiteux dont les ressources seraient trop faibles pour se procurer de forts chevaux, ne pourrait soutenir la concurrence. Cette loi ne serait d'aucune protection efficace pour les routes : en calculant le poids des voitures d'après la force moyenne d'un cheval, on s'exposerait à de graves erreurs, à de grandes injustices ; un cheval de petite race peut à peine traîner 2500 kilogrammes, et il n'est pas rare de voir un cheval de forte race traîner jusqu'à 3500 kilogrammes. Si on limitait le chargement des voitures par le nombre de chevaux, des voituriers pourraient avec le même attelage transporter pour faire un court trajet, un poids deux fois plus fort que pour un voyage de long cours. — Un roulier se rendant de Paris à Lyon met habituellement cinq chevaux pour traîner 6000 kilogrammes, un cultivateur des environs de Paris ne met souvent que trois chevaux pour traîner 7000 kilogrammes.

Le troisième système, actuellement en vigueur, est l'objet de notre travail.

I.

Considérations générales. — Amendes. — Tolérance.

Le premier principe d'une loi est d'être juste et d'une exécution facile ; or, la loi sur la police du roulage est en opposition absolue avec ce principe. Les citations suivante, suffiraient seules pour le démontrer.

« Le projet de loi se propose un double but : protéger la voie publique et affranchir l'industrie d'entraves devenues *Tyranniques* depuis qu'elles ont été reconnues *inutiles*. . . . . On sait que les ponts à bascule ne donnent de garantie ni pour l'exactitude matérielle ni pour la sincérité du pesage ; les erreurs et les fraudes auxquelles ils ouvrent la porte, ont été cent fois signalées. Il n'existe jusqu'à présent aucun système pour remplacer celui qui a soulevé tant de réclamations ; toutefois, la vigilance et les soins de l'administration sont fixés sur ces abus et sur les moyens d'y porter remède. » (Les Débats, 13 avril 1843).

« Les objections que M. Billaudel a dirigées contre le système du projet, sont toutes fondées sur les abus auxquels ont donné lieu le mode et les formalités du pesage. Mais ces abus, le gouvernement est le premier à les reconnaître ; il y portera remède *quand il faudra; quand on voudra*, les ponts à bascule dont on se plaint, seront perfectionnés ou remplacés par des instruments nouveaux dont la précision donnera toutes les garanties désirables. » (Les Débats, 14 avril 1843).

Le 13 avril, selon les Débats, il n'existait *aucun système* de pesage pour remplacer les ponts à bascule. — Le 14 : *quand on voudra*, les ponts à bascule seront perfectionnés ou remplacés par des instruments nouveaux dont la précision donnera *toutes les garanties désirables*. Pourquoi le gouvernement qui avouait que les ponts à bascule ne valaient rien , et disait alors aux chambres : « adoptez le projet de loi que je vous présente et je perfectionnerai ou remplacerai les ponts à bascule. » pourquoi disons-nous le gouvernement après avoir retiré la loi, n'a-t-il pas au moins doté le pays de ces bons instruments de pesage qui devaient donner *toute garantie ?* Il conviendrait peu de citer l'essai fait à la barrière de Clichy ; car ce système qui devait être de la *plus grande précision*, et, selon le rapport de M. Ducos, *avoir le double avantage de pouvoir s'appliquer à tous les ponts à bascule déjà construits et d'accuser le poids en dehors et en dedans du bâtiment en caractères très apparents,* n'a pu continuer à fonctionner ; ses résultats étaient tellement inexacts, qu'on a dû renoncer à y maintenir un employé. On s'était donc trompé sur cet instrument comme quelques années auparavant, sur celui établi à Alfort.

« Nous avouons que les reproches adressés au régime actuel sont fondés ; la police du roulage *a été mal faite, et ne pouvait l'être mieux* à cause du peu d'efforts qu'à *dû* faire le gouvernement pour parvenir à des résultats meilleurs , en raison de l'incertitude où l'on est depuis 12 ans sur le système destiné à prévaloir.» (Les Débats 15 avril 1843).

« Nous reconnaissons que les moyens employés pour faire la police du roulage, ont pu faire du bien dans leur temps , mais qu'ils sont maintenant un moyen de vexation gratuite, un impôt public levé à grands frais sur le roulage , au bénéfice de quelques préposés, et sans résultats efficaces pour les routes. » (6ᵉ rapport de la commission des ponts et chaussées, page 19).

Pour plus de citations, nous renverrons au *Moniteur.*

Nous sommes convaincu qu'il serait impossible d'établir une bonne législation sur la matière. S'il ne s'agissait que des voitures qui font des voyages de long cours, les difficultés ne seraient peut-être pas insurmontables, mais, la loi ne pourrait jamais classer d'une manière claire et à l'abri de toute interprétation involontaire ou calculée, ces milliers de voitures de toutes formes , employées à mille usages divers, qui circulent dans toute l'étendue de la République ; ni établir des pénalités différentes suivant la distance parcourue en contravention et la nature du chargement. Il serait donc toujours déplorable de voir que, pour une voiture chargée d'objets d'un poids extrêmement variable, tels que meubles, effets de déménagement, fumier, matériaux de démolition, etc, et ayant parcouru avec une surcharge de quelques kilogrammes, une distance d'un kilomètre, on pût être condamné à une amende aussi forte que pour une autre, chargée d'objets d'un poids connu, tels que fer, cuivre, farine, etc. ayant parcouru avec une surcharge deux et même dix fois plus forte, une distance de plusieurs myriamètres.

Cette loi, à peine en activité perdait déjà toute autorité morale par les infamies qu'elle a couvertes de son voile de légalité; il y a des abus qui, légitimés par quarante années d'habitude, seraient bien difficiles à déraciner.

Toute voiture dont le poids excède celui fixé par les règlements est en contravention ; son propriétaire est passible d'une amende progressive à la surcharge :

Pour une surcharge de   0   à   600 k.   25 fr. d'amende.
»   601   à   1200   50   »
»   1201   à   1800   75   »
»   1801   à   2400   100   »
»   2401   à   3000   150   »
»   au dessus de   3000   300   »

Non compris le décime pour franc et les frais de poursuites.

Comment ? Un voiturier qui, par erreur aura mis sur sa voiture quelques kilogrammes de trop, sera puni de la même amende que celui qui en aura mis 600 ? passé ce chiffre il suffira de quelques kilogrammes pour que l'amende soit doublée. Qu'est-ce donc que 25, 50, 100 kilogrammes sur le chargement d'une voiture dont le poids peut s'élever jusqu'à 11700 kilogrammes ? Sur le chargement d'une diligence dont la plus grande partie ne peut être qu'appréciée ? Sur un chargemeut de huit à dix mille kilogrammes de fumier ? Sur une foule de chargements qu'il serait trop long d'énumérer ? Ce n'est pas appréciable.

Mais, objecte-t-on, la loi a prévu ce cas en accordant une tolérance; c'est aux voituriers à prendre soin de la réserver en faisant leur chargement. — Que porte donc l'article 5 du décret de 1806 ?

« Il est accordé une tolérance sur les poids ci-dessus fixés des charrettes et des chariots pour suppléer *aux cas où les roues et les voitures*

*seraient surchargées de boue et où leur bâchage et même leur chargement
seraient imprégnés d'eau.* »

« La tolérance sera uniforme pour toute les saisons et pour toutes
les largeurs de bandes elle est fixée à 200 kilogrammes en faveur des
charrettes et 300 pour les chariots. »

La loi n'a donc pas prévu la difficulté de régler certains chargements ; elle n'a pensé qu'à la pluie et à la boue ; autrement le législateur, au lieu de fixer cette tolérance d'une manière *uniforme pour
toutes les largeurs de bandes,* l'aurait graduée dans la proportion des
poids fixés ; il est impossible de croire que, s'il eût admis qu'on peut
se tromper de 200 kilogrammes sur un poids de 2200 kilogrammes
qu'il autorisait alors pour les bandes de 11 centimètres (en hiver) il
n'eût pas conséquemment accordé une tolérance double au moins
pour un poids de 8200 kilogrammes qu'il fixait pour les jantes de 25
centimètres (en été).

Pourquoi, d'ailleurs, n'a-t-on pas pris des mesures pour que les
voitures chargées d'objets d'un poids connu, ou faciles à peser, n'en
puissent profiter que dans le cas de pluie, et toujours au milieu ou à
la fin du voyage, mais jamais au commencement ? En effet :

Un voiturier, incertain du poids qu'il peut transporter, se présente
(au commencement de son voyage) à un pont à bascule ; il demande
à régler son chargement, afin d'éviter la contravention (article 12 du
décret de 1806) ; si sa voiture est trop pesante, on l'invite à décharger l'excédant qui s'y trouve ; mais dans cet excédant, on ne comprend pas la tolérance accordée, je le répète uniquement pour le
cas de pluie ; et quand il a retiré ce qui dépasse cette tolérance, il a
accompli toutes les formalités de la loi et est libre de continuer sa
route. Il part : un orage survient ; arrivé à un autre pont à bascule,
il pèse 20, 30 ou 40 kilogrammes de trop, et on lui fait payer une
amende de 27 fr. 50 c. Ce voiturier n'est-il pas excusable de réclamer
encore un peu de tolérance pour ces quelques kilogrammes de pluie ?
Prétendrez-vous qu'il devait prévoir ce cas, décharger volontairement
le montant de la tolérance ? — D'accord ; mais admettons qu'il l'ait
fait ; ne peut-il recevoir par une pluie continue, une augmentation de
poids plus considérable que la tolérance accordée ? — Il n'est pas un
roulier qui ne certifie que le fait est fréquent. — N'est-il pas exorbitant

qu'il soit condamné à l'amende de 27 fr. 50 c. pour ce délit par force majeure ?

Cette surcharge a dégradé la route. — Mais, un voiturier peut voyager de Marseille à Paris sans avoir reçu d'eau, jusqu'à quelques mètres même du pont à bascule ; arrivé-là il ne peut entrer dans Paris vu l'heure avancée ; une heure plustôt il eût franchi cette énorme distance sans avoir contrevenu à la loi, et eût par conséquent été considéré comme n'ayant pas endommagé la route. — Pendant la nuit, un orage survient, son chargement est imprégné d'eau ; le pont à bascule est là ; on lui fait procès-verbal et il est condamné à payer 27 fr. 50 c. *à titre de réparation de dommages causés à la route.* N'est-ce pas un vol manifeste ?

L'article 27 du decret du 23 juin 1806 ne fixait d'amende qu'à partir d'un excédant de 200 kilogrammes. — Les articles 5 et 7 du même décret accordaient 200 kilogrammes de tolérance aux charrettes, 300 aux chariots, et 100 seulement aux voitures publiques. — Que devait-on conclure de l'article 27 ? Que l'amende ne serait encourue qu'après 200 kilog. au dessus du poids permis, *compris la tolérance.* — C'eût été une deuxième tolérance ajoutée à la première ; ce n'était pas là l'esprit de la loi. — Ou que c'était une erreur de la loi ? — Il a fallu 17 ans, (de 1806 à 1823) pour éclaircir ce point et prendre une décision définitive : — Le 24 décembre 1814 : ordonnance royale qui rectifie l'article 27 en ce qui concerne les voitures publiques, et qui arrête que les contraventions de surcharge constatées sur ces voitures, seront punies à partir d'un excédant de 100 kilogrammes sur les poids fixés, c'est-à-dire pour toute surcharge dépassant la tolérance. Mais il n'est question là que des diligences ; le roulage reste placé sous l'empire des dispositions de l'article 27. Chaque conseil de préfecture continue à l'interpréter différemment ; et dans une circulaire en date du 5 avril 1849 adressée aux préposés du département de la Seine par le Préfet de police, ce magistrat s'exprime ainsi : « Je vous préviens qu'il a été jugé par le Conseil de Préfecture que, lorsque la surcharge d'une voiture n'est pas de plus de 200 kilogrammes au dessus du poids légal et de la tolérance, la loi ne punit cette surcharge d'aucune amende ; je vous invite en conséquence, à vous conformer à la jurisprudence a-

doptée par le Conseil de Préfecture. » C'était en 1849 remettre en
question, pour le roulage, le point éclairci en 1814 pour les Messageries. Il n'était d'ailleurs parlé que de la jurisprudence du Conseil de
Préfecture de la Seine, et une voiture qui avait été pesée dans ce département sans avoir donné lieu à procès-verbal, pouvait être en
contravention dans d'autres départements.

Enfin, le 24 mai 1823, nouvelle ordonnance royale qui tranche la
difficulté et fixe d'une manière générale et définitive le chiffre où com-
mencent les amendes. — Et il a fallu pour cela 17 ans de réflexions !
— Mais, en déterminant que le chiffre de la tolérance ne pourrait en
aucun cas être dépassé ; que telle n'avait pu être l'intention du législateur dans l'art. 27, il eût fallu donner à cette tolérance des bases plus
larges, plus rationnelles ; il eût fallu la réglementer. — Depuis cette
époque, il a été admis en fait et en droit que la tolérance n'est qu'une
véritable augmentation de poids accordée sous un autre nom.

Nous avons été témoin du fait suivant : Un cultivateur dirige volontairement une voiture de fumier sur un pont à bascule, et demande à
régler son chargement en vertu de l'article 12 du décret de 1806: il est
obligé, à son grand étonnement, de décharger 1850 kilogrammes qui
étaient en excédant sur sa voiture. — Si ce voiturier avait été l'objet
d'un pesage d'office ou n'eût pu être admis au bénéfice de l'article 12,
le procès-verbal dressé contre lui l'eût fait condamner à une amende
de 110 francs. — 50 kilogrammes de moins l'amende diminuait de
27 francs 50 centimes, 550 kilogrammes de plus, elle n'augmentait
pas.

Ce fait peut-il témoigner de l'utilité des ponts à bascule pour protéger nos routes ? — Mais pour une route ainsi protégée, il y en a dix
qui ne le sont pas. Telle est une partie de la route de Paris à Orléans,
qui malgré les ponts à bascule des barrières d'Enfer et du Maine est
couverte de voitures lourdement chargées de fumier ; chargeant dans
le quartier de l'Ecole militaire, des Invalides, à Grenelle, etc. ; elles
ne sont pas tenues de passer au droit de ces ponts à bascule et ga-
gnent le route d'Orléans par un chemin de transit.

On évalue en moyenne le poids d'un homme à 70 kilogrammes.

Les Messageries ne pouvant peser les voyageurs comme des ballots, sont contraintes de prendre cette base pour régler le chargement de leurs voitures. — Un préposé constate un jour sur une diligence un excédant de 140 à 150 kilogrammes. Le conducteur surpris, fait voir sa feuille de chargement qui indiquait 100 kilogrammes de moins que le poids autorisé. « Je n'ai, dit-il, que de gros voyageurs. » Le préposé voulut vérifier le fait, et les voyageurs étant tous descendus, la voiture pesait 1680 kilogrammes de moins que la première fois, ce qui, pour 19 personnes, mettait le poids de chacune à 88 kilogrammes au lieu de 70.

Un sieur Dautier, cultivateur à Bonneuil, a été condamné à payer dans la même semaine, quatre amendes de 27 fr. 50 c. chacune, pour quatre procès-verbaux de surchage montant ensemble à 600 kilogrammes d'excédant de poid; soit 110 fr. — S'il eût transporté ces 600 kilogrammes de fumier en une seule fois et sur une seule voiture, il n'eût payé que 27 fr. 50 c., et s'il eût habité telle contrée plutôt que telle autre, il n'eût pas été grevé de cette somme. Quelle justice distributive !

II.

Voitures de roulage et voitures de messagerie.

Qu'est-ce qu'une voiture de roulage et une voiture de messagerie? Nous doutons qu'il existe un homme dans l'administration, qui puisse, selon la loi, définir ces deux catégories de voitures. Exemple : Un préposé arrête une charrette suspendue sur ressorts métalliques, avec roues à jantes de 0 mètre 14 centimètres, attelée de deux chevaux, chargée de suif en pains, appartenant aux sieurs Cabouret et Leroy de Paris, et conduite au trot; il somme le conducteur de soumettre sa voiture au pesage :

— Cette voiture pèse 3840 kilogrammes; elle n'a droit qu'au poids de 2450 kilogrammes et est en surcharge de 1390 kilogrammes (Procès-verbal du 26 octobre 1846).

— Les charrettes à jantes de 11 centimètres ne peuvent-elles donc transporter 4200 kilogrammes (1)?

— Vous avez raison quant aux charrettes de roulage; mais ici, il s'agit d'une voiture de messagerie à deux roues. Une charrette est voiture de roulage tant qu'elle est conduite au pas, mais elle devient voiture de messagerie lorsqu'elle est conduite au trot.

— Cependant l'ordonnance royale du 29 janvier 1841 porte : «Toute voiture qui sert au transport de marchandises, est considérée comme voiture de roulage, à 2 ou à 4 roues, suspendue ou non, et assujétie à l'obligation des jantes larges. » Cette ordonnance ne parle pas, il est vrai, de l'allure des chevaux, mais la circulaire adressée aux préposés le 9 décembre 1833, les informe que le conseil de préfecture de la Seine avait alors adopté, à l'égard des voitures servant au transport de la marée et *allant en poste*, une jurisprudence qu'il a ensuite complétée et *généralisée* par plusieurs décisions, desquelles résulte : « Que les voitures à deux roues, suspendues ou non, *même allant en poste*, doivent être considérées comme voitures de roulage. » Rien n'est plus clair et la voiture en question qui ne va que rarement au trot, *à fortiori* ne peut-elle être qu'une voiture de roulage.

— Aussi, n'est-ce sur aucune de ces ordonnances que nous nous appuyons, mais bien sur celle du 5 octobre 1843 qui s'exprime ainsi : « Le poids des diligences, messageries, berlines, fourgons et autres voitures publiques employées au transport des voyageurs ou marchandises, suspendues sur ressorts métalliques, allant au trot avec ou sans relais . . . . est limité etc. » Mais, comme cette ordonnance ne reconnaît pas de voitures de messageries à jantes au dessus de 10 centimètres, nous accordons à la voiture du sieur Cabouret le poids fixé pour les voitures de messagerie à deux roues , à jantes de 10 centimètres, quoique celle-ci ait des roues de 14 centimètres.

— Il est inqualifiable que des agents puissent ainsi interpréter les règlements dans un sens favorable à leur intérêt. Cette ordonnance du

---

(1) Porter, transporter un poids de.... ne signifie pas le poids du chargement, mais bien celui de la voiture compris le chargement. Cette expression est consacrée par l'usage.

5 octobre, en réglant le poids des voitures *publiques* n'a pu avoir l'intention de parler des voitures de roulage qui iraient accidentellement au trot. Ce mot de *voitures publiques* suffit pour détruire tous les doutes. La voiture du sieur Cabouret ne peut recevoir cette qualification, ou toutes les voitures de roulage seraient des voitures publiques. D'ailleurs, longtemps avant l'ordonnance du 5 octobre, le Conseil de la Préfecture de la Seine en avait ainsi jugé : en 1835, des préposés avaient verbalisé contre des chariots suspendus employés aux déménagements, et les avaient assimilés aux fourgons de messageries ; le 10 septembre de la même année, le Préfet de Police informa les préposés que le Conseil de Préfecture avait annulé ces procès-verbaux, attendu : « 1° Que le mot fourgon compris dans l'article 6 du décret de 1806, s'applique selon l'esprit et le but dudit article, aux moyens de transport qu'emploient les messageries dont la destination principale est le transport des voyageurs, et que tel est le motif qui a déterminé le législateur à confondre les fourgons, diligences et messageries dans la même disposition; 2° Que les chariots chargés de meubles, n'ont rien par leur destination qui puisse les faire assimiler aux fourgons indiqués dans ledit article 6, et qu'au contraire, *la qualité déclarée* des propriétaires de ces chariots prouve qu'ils sont entrepreneurs de roulage et non de diligences et messageries. » La voiture du sieur Cabouret peut-elle être assimilée à un fourgon? La qualité déclarée de son propriétaire est-elle entrepreneur de messageries? Non, c'est un commerçant qui transporte ses produits sans sortir de la localité. La loi n'a pas prévu le roulage au trot, de quel droit vous substituez-vous à la loi ?

— On nous autorise à traiter ces voitures comme fourgons de messageries quand nous les voyons trotter ; le Conseil de Préfecture prononce l'amende ; nous en touchons le quart ; la question de droit n'est pas de notre compétence. — Voici une voiture à laquelle vous ne pourrez du moins contester la dénomination de fourgon : c'est un petit chariot suspendu sur ressorts métalliques, avec roues à jantes de 10 centimètres, attelé de 3 chevaux de front, appartenant à MM. Chèze et Compagnie, commissionnaires de roulage ; ce fourgon fait le trajet de Paris à Lyon et est habituellement conduit au trot.

— Pas plus que celle du sieur Cabouret, cette voiture n'est de celles

mentionnées dans l'article 6 du décret de 1806, et l'ordonnance royale du 5 octobre 1843. *La qualité déclarée* du sieur Chèze est entrepreneur de roulage et non de messageries ; pour faire le roulage accéléré,
il a fait construire des petits chariots légers et suspendus sur ressorts
métalliques ; cette voiture est, il est vrai, de temps en temps conduite
au petit trot mais non en poste, le sieur Chèze a des relais à des distances aussi éloignées que les autres entrepreneurs de roulage accéléré dont les véhicules ne vont jamais qu'au pas, enfin, un fourgon
de messagerie met environ 40 heures pour aller de Paris à Lyon, les
chariots du sieur Chèze mettent six jours. — Cette voiture pourrait
tout au plus être classée dans la catégorie du roulage au trot si cette
distinction avait été établie par la loi ; mais ce n'est pas un fourgon
de messagerie selon le but et l'esprit de la loi ; la circulaire du 10 septembre 1835, citée plus haut, l'établit clairement.

Le gouvernement ayant avancé qu'il désirait encourager l'emploi
des légers véhicules et déclaré en 1843 que des études nouvelles avaient
démontré que le transport au trot, dans les conditions où se trouvent
ces chariots, n'endommage pas plus la route que le transport au pas(1),
le sieur Chèze pouvait croire être entré dans les vues de l'administration. Erreur : quand il a réclamé contre la qualification de fourgons
de messagerie donnée à ses voitures, on s'est attaché à l'enfer-
rer dans ses moyens de défense ; on a donné ordre de mesurer
exactement la largeur des jantes de ses fourgons ; or, comme elles
n'ont, étant neuves, que 10 centimètres ; qu'en vieillissant elles s'ar-
rondissent et perdent quelquefois un millimètre ou deux, on l'a mis
dans l'alternative ou de consentir à ce que ses voitures soient classées
parmi les fourgons de messagerie, ou de ne pouvoir atteler plus d'un
cheval sur ceux de ses chariots dont les jantes de toutes les roues n'at-
teindraient pas exactement 10 centimètres de largeur.

Ce subterfuge prouve combien l'administration a le sentiment de la
faiblesse de ses arguments. Mais voyez l'embarras : il avait été recommandé aux préposés qui verbaliseraient pour surcharge contre

---

(1) Il a été reconnu que les voitures suspendues et conduites au trot,
pouvaient sans dommage pour les routes, porter les mêmes poids que les
voitures non suspendues et allant au pas. (Les Débats, 13 avril 1843).

une de ces voitures, de mesurer exactement la largeur de toutes les roues et de la mentionner avec soin dans leurs procès-verbaux ; mais le 26 mai 1847, un employé, n'ayant pas saisi le sens de ces instructions, ne s'avise-t-il pas de verbaliser pour jantes étroites? Grande fut la rumeur ; le préposé fut vertement réprimandé ; mais on ne donna pas suite au procès-verbal, parce que le sieur Chèze n'aurait pas manqué de faire observer que cette guerre acharnée devenait absurde, puisque dans un procès-verbal du 14 mai, on traitait sa voiture comme fourgon de messagerie, et que le 26 du même mois, le même employé, dans un procès-verbal pour jantes étroites, traite la même voiture comme voiture de roulage.

Vous avez dit qu'une voiture, quelle que soit sa forme, peut être tour à tour voiture de roulage ou de messagerie suivant l'allure des chevaux qui la traînent ; comment classerez vous celle-ci : elle a tout à fait la forme d'une diligence, avec coupé et rotonde ; elle est suspendue sur ressorts métalliques, montée sur quatre roues à jantes de 7 centimètres, attelée de trois mulets ; elle appartient à un sieur Socquet, fait le voyage de Paris en Suisse, et transporte des voyageurs et leurs bagages ; enfin, elle porte un numéro de police? — C'est une diligence, dites-vous. Mais, elle ne va jamais au trot : elle ne le pourrait pas ; ce sont les mêmes mulets qui la conduisent jusqu'à destination ; elle marche à petite journée comme le roulage ordinaire, et ne voyage jamais la nuit?

— Elle est construite de manière à pouvoir être conduite au trot, à la volonté du conducteur.

— Ce n'est donc plus d'après sa marche, mais d'après sa forme, sa construction que vous la classez parmi les diligences ?

— Elle porte un numéro de police.

— La qualité déclarée que vous refusez d'admettre pour le sieur Chèze fait donc autorité ?

— Cette voiture est spécialement employée au transport des voyageurs ?

— C'est donc son chargement, son usage, sa forme, la qualité déclarée de son propriétaire qui en font ici une voiture de messagerie, mais nullement l'allure des chevaux qui la traînent?

— Nous ne reconnaissons que deux catégories de voitures : —

Messageries ou Roulage. — Il faut que considérée comme diligence allant au trot, elle ne puisse dépasser le poids limité pour les voitures de cette catégorie à jantes de 7 centimètres ; ou que, considérée comme voiture de roulage, elle soit assujettie à l'obligation des jantes larges, conformément à la loi du 7 ventôse an XII.

—Nous n'admettons pas cette alternative ; la loi ne fait pas plus mention du transport des voyageurs au pas que du roulage au trot. Le silence de la loi doit toujours tourner au profit des particuliers. Sans rechercher si les raisons qui ont fait imposer aux voitures de roulage l'obligation des jantes larges, peuvent ici recevoir leur application, nous dirons que : si la voiture du sieur Socquet doit être maintenue diligence quoique n'allant pas au trot, les voitures des sieurs Cabouret, Chèze et autres ne peuvent être assimilées aux fourgons de messagerie par la seule raison qu'on les a vues trotter.

Autre exemple : Voici encore une voiture construite comme une grande diligence, coupé, intérieur et rotonde ; portant un numéro de police ; montée sur quatre roues à jantes de 10 centimètres ; attelée de 5 mulets ; appartenant à un sieur Comberand, d'Alberville en Savoie, et qui transporte toujours des Savoyards. Comme la précédente, cette voiture renie l'origine du nom de diligence, puisqu'elle marche également à de petites journées et toujours au pas ; mais elle en diffère en ce qu'elle n'est pas suspendue et a des roues de 10 centimètres. Lui appliquerez-vous les dispositions de l'ordonnance du 5 octobre 1843. — Non, car elle n'est pas suspendue. — Le § 4 de l'article 2 de l'ordonnance du 15 février 1837 ?—Mais cette disposition ne concerne que les voitures de messageries non suspendues, *allant au trot*, et celle-ci ne va qu'au pas.

—Au besoin, on en réfère à l'ingénieur en chef qui décide.

— Comment ! un ingénieur, quel que soit d'ailleurs son mérite, décidera que telle voiture doit être assimilée à telle autre, et sur cette décision on verbalisera contre un voiturier ! Mais, qui vous assure que dans les autres départements, on ne sera pas d'un avis contraire ; que cet homme ne sera pas condamné à l'amende pour avoir transporté un poids que vous aurez autorisé, ou absous pour une contravention que vous, vous aurez constatée? — On ne peut voir moins d'unité dans une loi. — Mais, en admettant que l'ingénieur puisse décider, nous maintenons qu'il ne pourra l'assimiler aux diligences puisqu'elle n'est pas suspendue et ne va qu'au pas , ni aux voitures de roulage, puisqu'elle transporte des voyageurs et non des marchandises.

Ce ne sont pas là, les seuls cas où il soit difficile de distinguer la voiture de messagerie, de la voiture de roulage.

Le 6 octobre 1846, un contrôleur, — titre qui fait supposer une parfaite connaissance des règlements , — dresse procès-verbal pour jantes étroites, contre une petite voiture suspendue, à deux roues de 7 centimètres, attelée de 2 chevaux, dépendant de l'administration des hospices et conduisant des nourrices et enfants-trouvés. On s'appuie pour faire ce procès-verbal sur la déclaration faite par le conducteur qu'il allait au pas. C'était assimiler cette voiture à une voiture de roulage ; c'était considérer le chargement,— des nourrices et leurs enfants ! — comme des marchandises.

Les 2, 6, 10 et 17 janvier 1847, dans des procès-verbaux pour excès de chargement, ces mêmes voitures sont assimilées à des diligences à deux roues, et ce, par le même contrôleur ou par son ordre. Ainsi, considérées d'abord comme appartenant au roulage, ces voitures sont ensuite déclarées diligences. Selon nous, elles ne sont ni l'une ni l'autre ; car si personne ne contestera qu'elles ne sont pas voitures de roulage, le simple bon sens n'admet pas qu'elles soient de celles dont parle l'ordonnance du 5 octobre 1843. Des nourrices, des enfants trouvés, sont-ils des voyageurs dans l'acception du mot ? S'agit-il d'une entreprise de messagerie ? — Non ! c'est une administration de bienfaisance qui paie ceux qu'elle fait voyager, loin de se faire payer par eux. — Il a été donné des instructions pour laisser circuler, sans contrôle, les voitures qui transportent des malfaiteurs ; il ne peut y avoir que l'appât d'un lucre qui pousse un employé à retourner ainsi la loi en tous sens, pour faire contribuer à son profit les administrateurs des biens du pauvre, et à ne pas comprendre que, si la faveur accordée aux voitures de forçats n'a pas été étendue aux voitures des hospices, ce ne peut être qu'un oubli qu'il est juste et noble de réparer par de la tolérance.

En février 1847, des contrôleurs aperçoivent des petites charrettes non suspendues, chargées de veaux, et qui allaient au trot ; ils les conduisent au pont à bascule de la barrière du Roule, et dressent plusieurs procès-verbaux. Le registre des pesages de ce pont, constate qu'ils ont accordé à une voiture à un cheval, avec roues de 7 centimètres le poids de 1250 kilog. — Le 25 février : à une voiture entièrement semblable, 1350 kilog.; à une charrette de 14 centimètres, d'abord 2100, puis 2340 kilog.; à une charrette de 11 centimètres, 1810 kilog. — Quelques recherches dans les procès-verbaux démontreraient qu'il a été verbalisé en accordant aux voitures à jantes de 14 centimètres allant au trot, 2290 kilog. et non 2100 ni 2340 comme ci-dessus, ni même 2450 comme à la voiture du sieur Cabouret qui diffère il est vrai de ces dernières en ce qu'elle est suspendue. — Nous ne pouvons nous rendre compte du tour de force de raisonnement auquel on a recours pour motiver ces sortes de procès-verbaux, qui cependant sont presque toujours confirmés.

L'ingénieur en chef de ce service dans le département de la Seine, y a fait de grandes et notables réformes; mais il existe une foule d'abus qui tiennent aux vices de la loi et qu'aucun administrateur ne pourrait déraciner. — Dans le but d'extirper la concussion il a changé presqu'entièrement le personnel des préposés et a recommandé aux nouveaux promus la plus grande sévérité ; mais, en donnant des primes d'encouragement sous le nom de gratification à ceux qui dressent le plus grand nombre de procès-verbaux, son zèle l'a emporté trop loin ; les scandales n'ont fait qu'augmenter. — Les extrêmes se touchent : cette trop grande sévérité a été aussi nuisible à la moralité de la loi que le relâchement qui l'avait précédé. Les exactions (1) ont succédé aux concussions, ou plutôt elles se sont réunies pour pressurer l'industrie. Des préposés, des contrôleurs même, pour avoir le quart de l'amende, dressent journellement des procès-verbaux injustes ou illégaux qui passent inaperçus; ils étudient les interprétations, les assimilations qui peuvent tourner à leur profit ; s'il existe une lacune

---

(1) Nous employons le mot : *exactions*, pour signifier: procès-verbaux dressés dans des circonstances où la contravention n'est ni dans la lettre ni dans l'esprit de la loi. L'expression n'est peut-être pas rigoureusement exacte, mais nous avouons n'en pas connaître d'autre qui rende mieux notre pensée. Nous l'emploierons fréquemment.

2

dans la loi, ils cherchent à la combler ; ils dressent des procès-verbaux que nous appellerons : procès-verbaux d'essai ; ils attendent la décision du Conseil de Préfecture, et si ce tribunal prononce l'amende, ils font une moisson. L'Ingénieur en chef toujours consulté, s'abusant lui-même, et croyant ne prendre que l'intérêt des routes, conclut dans presque tous ses rapports à des condamnations qui sont une cause de ruine pour l'industrie.

III.

Voitures à un cheval. — Jantes étroites.

En présentant à la chambre le projet de la loi discuté en 1843, le gouvernement annonçait hautement l'intention d'accorder des conditions plus larges à l'industrie des transports, reconnaissait *inutiles* et qualifiait de *tyranniques* les entraves apportées à cette industrie par la loi sur la police du roulage, avouait que cette police avait été *mal faite et n'avait pu l'être mieux*, déclarait que la vigilance et les soins de l'administration étaient fixés sur les abus, les erreurs, les fraudes, et sur les moyens d'y porter remède ; etc. Mais, ce projet de loi ayant été amendé dans un sens contraire à ses intentions, le gouvernement le retira, et l'ancienne loi reconnue si mauvaise, si préjudiciable aux intérêts de l'industrie, si peu protectrice de nos routes, en un mot, stygmatisée par tout le monde, continua son existence d'iniquité. Seulement, on éleva le chiffre des poids autorisés :

1° Ordonnance du 5 octobre 1843, concernant les voitures publiques.

2° Ordonnance du 2 octobre 1844, concernant les voitures de roulage.

De l'étude des lois et règlements antérieurs au 2 octobre 1844, il ressort clairement que deux systèmes étaient en vigueur : 1° Système de la limitation du chargement par le poids, pour toute voiture de roulage attelée de plus d'un cheval et devant avoir des roues à jantes de 11 centimètres au moins ; 2° Système de la limitation du chargement par le nombre de chevaux, pour les voitures de roulage ayant des roues de moins de 11 centimètres de largeur de jantes, mais sous la condition de ne pas être attelées de plus d'un cheval. — Cependant on pèse les voitures à un cheval. — Si le gouvernement n'a jamais fixé de poids pour ces voitures ; si aucune ordonnance n'en fait mention ; si, au contraire, tout établit qu'il n'a été fixé pour ces voitures, ni minimum de largeur de jantes, ni maximum de poids, il n'en fut pas ainsi de ceux qui étaient chargés de faire exécuter la loi ; on en jugera par la circulaire suivante adressée aux préposés du département de la Seine, le 27 avril 1832.

« L'Ingénieur en chef soussigné recommande aux préposés de verbaliser contre tout individu conduisant une voiture attelée d'un seul cheval dont le chargement dépasserait le poids fixé pour les jantes de 11 centimètres. Il a été surpris d'apprendre que la plupart des préposés croyaient ne pas avoir le droit de vérifier le poids des voitures attelées d'un seul cheval ; rien dans la loi de 1806 n'est de nature à justifier cette supposition ; on y lit au contraire : — Article 11. « *Les voitures vides et celles dont la modicité du chargement apparent ne donnerait lieu à aucune présomption de surcharge, ne seront pas assujéties à passer sur les ponts à bascule.* » — Ce sont les seules voitures que les préposés doivent s'abstenir de peser. Au surplus, dans le département de Seine-et-Oise, les préposés dressent des procès-verbaux pour ces sortes de contraventions et ils sont approuvés par le Conseil de préfecture. »

« Enfin, et pour dernière preuve, le sieur Liechty, préposé au pont de Clichy, a dressé le 26 septembre dernier, un procès-verbal contre le sieur Rouard qui se trouvait dans le cas précité ; ce contrevenant a allégué comme moyen de défense que les voitures attelées d'un seul cheval n'étaient pas soumises à l'obligation du pesage. Ce moyen a été écarté par l'arrêté du Conseil de Préfecture en date du 10 novembre, qui condamne le sieur Rouard à 25 francs d'amende, et dont le considérant est ainsi conçu : — *Considérant que la partie des moyens de défense du contrevenant relative au non pesage des voitures à un cheval, ne pourrait être admise qu'autant qu'il n'aurait pas été constaté par le procès-verbal précité que le poids de la voiture dont il s'agit, excédait celui fixé par les règlements pour les voitures ayant des bandes de 11 centimètres.* »   Signé, BAUDESSON.

L'argument tiré par cet ingénieur de l'article 11 du décret de 1806, à l'appui de ses instructions, est loin d'être concluant ; quelque rationnel que puisse paraître à la lecture le considérant de l'arrêté du Conseil de Préfecture, il établissait une illégalité. D'autres que nous en ont ainsi jugé. On lit dans la *Gazette des Tribunaux* du 13 avril 1843 : — « Le caractère principal de la législation qui régit en ce moment la matière, c'est l'interdiction pour les voitures attelées de plus d'un cheval, d'employer des roues à jantes de moins de 11 centimètres. Aucun minimum de largeur de jantes n'est prescrit pour les voitures attelées d'un seul cheval qui, d'ailleurs, *ne sont pas soumises à la loi du pesage.* »

M. d'Angeville disait à la chambre des députés le 12 avril 1843, (Voir le *Moniteur* du 13 avril) que :« D'après le décret de 1806, les voitures traînées par un seul cheval ou par deux bœufs ont une entière liberté de circulation. » M. d'Angeville ne connaissait pas la circulaire ci-dessus ; comment se fait-il que l'administration n'ait pas éclairé cet honorable député en l'informant que depuis longtemps déjà les voitures à un cheval ne jouissaient plus de ce droit ?

On avait sans doute reconnu qu'il était au moins absurde qu'une voiture à petites jantes pût transporter avec un seul cheval, un poids supérieur à celui fixé pour les charrettes à jantes de 11 centimètres attelées de plus d'un cheval. C'était un vice de la législation ; mais, du moment où il avait frappé l'esprit des administrateurs, il fallait chercher à le faire disparaître ; provoquer l'annulation des dispositions de la loi du 7 ventôse an XII ; mais ne pas sortir de la légalité en assujettissant ces voitures au pesage. Dès cette époque on eut déjà le spectacle d'une voiture à jantes de 6 ou 7 centimètres attelée d'un seul cheval, donner lieu à procès-verbal pour surcharge, quand son poids était supérieur à celui fixé pour les jantes de 11 centimètres — entraînant 27 fr. 50 c. d'amende;— par application du système de la limitation du chargement par le poids ; tandis qu'une voiture à jantes de 9 centimètres et demi attelée de deux chevaux donnait lieu à un procès-verbal pour jantes étroites, — entraînant 55 francs d'amende, — quoique n'atteignant pas à beaucoup près le poids de la précédente par application du système de la limitation du chargement par le nombre de chevaux.

Cette application des deux systèmes à la fois aux voitures de même espèce était déjà bien absurde ; mais au moins ne disait-on rien à celles qui n'ayant qu'un cheval, n'atteignaient pas le poids des jantes de 11 centimètres. C'était sinon légal, du moins empreint d'une espèce de justice, et les contraventions étaient peu fréquentes. Parut alors l'ordonnance royale du 2 octobre 1844. Rédigée suivant l'esprit des discussions de la session de 1843 (1), cette ordonnance tendait évidemment à encourager l'emploi des petites jantes ; cependant, dans la nomenclature des voitures dont elle fixe le poids, il n'est nullement question des voitures de roulage à jantes au dessous de 11 centimètres.

Nous tenons beaucoup à ce que ce point soit bien établi : que, pourvu qu'elles ne soient attelées que d'un seul cheval, les voitures à jantes au dessous de 11 centimètres doivent avoir, selon la loi, une entière liberté de circulation.

Examinons maintenant les dispositions de l'ordonnance dont il s'agit :

Article 4. « Sont exceptées des dispositions relatives à la largeur
» des bandes des roues, toutes voitures dont le poids, y compris voi-
» ture et chargement, n'excède pas 2500 kilog. si elles sont à deux
» roues et 4000 kilogrammes si elles sont à 4 roues, lorsqu'elles sont
» employées :

» 1° Aux transports exécutés directement par les propriétaires, fer-
» miers ou colons partiaires, pour la vente de leurs denrées aux mar-
» chés voisins, ainsi que pour leur approvisionnement en denrées,
» amendements, engrais et matériaux destinés à l'entretien et à la re-
» construction des bâtiments d'exploitation rurale;

» 2° Aux transports exécutés par les fermiers et colons partiaires
» pour la livraison au propriétaire de la part qui lui est affé-
» rente.

» Ces voitures ne profiteront dans ces divers cas, de l'exemption

---

(1) Les chariots à jantes de 6 centimètres font moins de mal aux routes que les gros chariots à jantes larges chargés des poids admis jusqu'à ce jour. (Rapport de M. **Ducos**, 1843.)

» ci-dessus énoncée qu'autant qu'elles n'emprunteront les routes roya-
» les et départementales que pour une distance de trois myriamètres
» au plus.

» Les voitures ci-dessus mentionnées, lorsque leur poids excédera
» le poids exceptionnel déterminé au premier paragraphe du présent
» article, seront soumises aux règles du tarif du roulage, mais dans
» ce dernier cas, la tolérance accordée par le second paragraphe de
» l'article 2 ci-dessus, sera augmentée de moitié en sus. »

On a découvert dans cet article une disposition nouvelle qui change complètement celles de la loi du 7 ventôse an XII et du décret du 23 juin 1806 relatives aux voitures attelées d'un seul cheval, et voici comment on a raisonné :

— Il résulte du paragraphe 1er de cet article 4 que les voitures à deux roues (ne nous occupons que de celles-ci), à jantes étroites, dites voitures d'agriculture, employées aux transports désignés dans les paragraphes 2 et 3 ne peuvent transporter plus de 2500 kilogrammes. Or, l'ordonnance ayant voulu favoriser l'agriculture, elle n'a pu entendre que les autres voitures à jantes étroites, dites voitures de roulage, pussent transporter un poids plus élevé que les voitures d'agriculture. Si donc ces dernières ne peuvent porter que 2500 kilogrammes, à fortiori les voitures de roulage ne pourront-elles dépasser ce poids. Ne serait-il pas injuste que ces dernières pussent, avec un seul cheval, transporter le poids des jantes de 11 centimètres, tandis que les premières, qu'on a voulu favoriser, ne pourraient dépasser le poids de 2500 kilogrammes. —Donc, à toutes les voitures à deux roues à jantes au dessous de 11 centimètres, dites voitures de roulage, qu'elles soient ou non suspendues, quelles que soient leur forme, la qualité de leur propriétaire, mais allant au pas, nous avons fixé le poids de 2700 kilogrammes, (système de la limitation du chargement par le poids) ; car, quoique l'article 4 ne parle pas de tolérance nous avons cru devoir les faire jouir de la tolérance de 200 kilogrammes dont parle l'article 2. — A toutes les voitures de même sorte dites voitures d'agriculture, quand il nous est bien démontré que le transport est exécuté directement par le propriétaire, fermier ou colon partiaire, que le chargement est destiné à l'approvisionnement du marché, et non à être livré au commerce (1), nous avons fixé le poids de 2800 kilog. 100 kilog. de plus que les premières, c'est à dire moitié en sus de la tolérance, comme le prescrit le paragraphe 5 dudit article 4. — Le Conseil de Préfecture de la Seine a donné son approbation à ces mesures, en confirmant tous les procès-verbaux — et ils sont nombreux — qui ont été dressés par suite de ces nouvelles dispositions ; aucune réclamation, que nous sachions, n'a porté sur le point de droit.

— Comment ! lorsque le Gouvernement déclare : (*Débats,* du 13 avril 1843) — qu'il a dû faire peu d'efforts pour améliorer les lois sur la police du roulage, en raison de l'incertitude où il est depuis 1830, sur le *système* destiné à prévaloir. — Vous, de votre autorité privée, vous substituez un système à un autre ; vous décidez que les voitures à jantes étroites qui, d'après les lois en vigueur, doivent être régies par le système de la limitation du chargement par le nombre de chevaux et avoir une complète liberté de circulation quand elles n'ont pas plus d'un cheval ; vous décidez, disons-nous, qu'elles ne pourront transporter qu'un poids déterminé, uniforme pour toutes les saisons et pour toutes les largeurs de jantes au dessous de 11 centimètres ; vous privez ces voitures d'un avantage dont jouissent toutes les autres, d'avoir un poids plus élevé en été qu'en hiver. Enfin, vous changez par voie d'interprétation le caractère principal de la législation actuelle : l'interdiction pour les voitures attelées de plus d'un cheval, d'employer des roues à jantes de moins de 11 centimètres ?.....

— Non pas ! Nous nous serions enlevé un des plus beaux fleurons de notre couronne en nous interdisant de dresser des procès-verbaux pour jantes étroites (loi du 7 ventose an XII). Vous ignorez donc que ces procès-verbaux entraînent une amende de 50 fr. dont le préposé a la moitié, et non plus le quart, comme pour les autres contraventions ? — Nous appliquons le poids de 2700 kilogrammes aux voitures à jantes étroites attelées d'un seul cheval, c'est vrai, et

---

(1) L'employé ne peut obtenir ces renseignements qu'en questionnant le conducteur de la voiture ; aucun moyen ne lui est donné pour exiger des preuves de la véracité des réponses qui lui sont faites ; de sorte qu'il suffirait aux voituriers, s'il connaissaient la loi, d'avoir moins de bonne foi pour éviter de fortes amendes.

quand elles dépassent ce poids, procès-verbal pour surcharge ; mais nous maintenons aussi les dispositions de la loi du 7 ventose, et quand une de ces voitures se présente avec deux chevaux, quelque faible que soit son chargement : procès-verbal pour jantes étroites. (Système de la limitation du chargement par le nombre de chevaux). Nous ne permettons de circuler avec deux chevaux qu'aux voitures que nous jugeons être employées à l'agriculture, pourvu qu'elles n'excèdent pas le poids de 2800 kilogrammes.....

— Ce qui revient à permettre l'emploi de deux chevaux quand la charge est assez faible pour être traînée par un seul. — Comment pouvez-vous être autorisés à appliquer aux mêmes voitures deux systèmes à la fois? Mais, il est impossible à tout homme de bon sens de trouver dans l'article 4 de cette ordonnance autre chose que la faculté, pour les voitures employées aux transports mentionnés dans les § 2 et 3, et attelées de plus d'un cheval, de se servir de roues à jantes étroites, sous la double condition de n'emprunter les routes royales et départementales que pour 3 myriamètres et de ne pas dépasser le poids de 2500 kilogrammes? Dites qu'il était absurde de fixer un poids aussi faible, puisqu'il est patent qu'un seul cheval, même médiocre, traîne habituellement et facilement une plus forte charge, surtout pour un court trajet, on le comprendra ; mais que vous en ayez déduit les conséquences que vous venez d'expliquer ; c'est incroyable ! — Résumóns cet article 4 : le § premier dispense certaines voitures attelées de plus d'un cheval de l'obligation d'avoir des roues de 11 centimètres pourvu qu'elles ne dépassent pas un poids déterminé ; les § 2 et 3 désignent les sortes de voitures qui jouiront de cette exemption ; le § 4 leur impose pour deuxième condition de m'emprunter les routes royales et départementales que pendant 3 myriamètres au plus ; enfin, le § 5 ne fait que replacer ces voitures sous l'empire des règles du tarif du roulage quand leur poids excédera le poids exceptionnel déterminé au § premier. Or, voilà toute la question. Quelles étaient les règles du roulage avant le 2 octobre 1844? — Pour les voitures attelées d'un seul cheval : entière liberté de circulation, sans conditions de largeur de jantes. Pour les voitures attelées de plus d'un cheval : fixation d'un minimum de largeur de jantes et d'un maximum de poids proportionné aux largeurs des dites jantes. — Telles sont les règles dans lesquelles devaient rentrer les voitures désignées, quand elle dépasseraient le poids de 2500 kilogrammes. Il n'y avait rien autre chose à comprendre dans cet article 4, non plus que dans le reste de l'ordonnance. Il n'est permis à qui que ce soit de tronquer ainsi les lois. Quand on les trouve mauvaises, on doit en demander la révision ; mais les modifier soi-même, fut-ce dans l'intérêt du public : jamais.... Dans le cas présent, vous avez donné à la loi une extension injuste à l'aide de laquelle vous percevez un impôt exorbitant et illégal.

Mais, vous appliquez à ces voitures deux systèmes à la fois ; or, il doit s'en présenter qui soient simultanément en contravention aux deux systèmes. Comment procède-t-on?

— Quelques agents ont, dans ce cas , fait deux procès-verbaux. Un pour surcharge et un pour jantes étroites. — Témoin un sieur Buisson, entrepreneur de convois militaires à Saint-Denis. Mais ordinairement, on choisit le procès-verbal qui entraîne la plus forte amende.—Quand la voiture ne transporte qu'une surcharge au dessous de 600 kilog., le procès-verbal pour surcharge entraînant 25 fr. d'amende et celui pour jantes étroites 50 fr., le préposé choisit ce dernier et gagne ainsi 25 fr. au lieu de 6 fr. 25 c. — Si la surcharge excède 600 kilog. comme l'amende serait de 50 fr. dans les deux cas, le préposé choisit celui qui lui rapporte le plus, et verbalise encore par jantes étroites. — Lorsque la surcharge dépasse 1200 kilog. on devrait, d'après ce principe, cesser de verbaliser pour jantes étroites ; mais il est avec le ciel des accommodements. Exemple : — Une de ces voitures pèse 4050 kilog. soit 1350 kilog. au dessus de 2700 kilog. excès de chargement puni de 75 fr. d'amende , dont le préposé n'a que le quart ; mais l'agent peut facilement insérer dans son procès-verbal un poids de 3900 kilog. soit 1200 kilog. seulement d'excédant, n'entraînant plus que 50 fr. d'amende, et verbaliser pour jantes étroites et non plus pour surcharge : de cette manière il gagne 25 fr. au lieu de 18 fr. 75 c. et le voiturier se retire reconnaissant de l'indulgence du préposé qui aurait pu le faire condamner à une amende d'un tiers plus forte. Il n'y a que le fisc qui perd.

Nous ne pouvons donner le détail des procès-verbaux de surcharge dressés depuis 1844, contre les voitures à un cheval ; mais les originaux existent à la Préfecture de Police ; en examinant les dossiers, on trouverait dans l'exposé des motifs, dans les réclamations des délinquants, les rapports auxquels elles ont donné lieu ; les considérants des arrêts du Conseil de Préfecture, des détails curieux et de nature à éclairer sur la question. — Il y a aussi dix registres pour un dans les bureaux de l'ingénieur en chef, du ministère et de la Préfecture de Police, où ces actes sont reproduits par analyse. — Nous en citerons quelques-uns pour avoir quelques rapprochements à faire :

25 novembre 1846 : — Procès-verbal pour 320 kilogrammes de surcharge sur une voiture à 1 cheval, pesant 3020 kilogrammes jantes de 8 centimètres, chargée de planches, échelles, boulines ; propriétaire Mailhe.

Même date. — Deux procès-verbaux pour 300 kilog. de surcharge chaque, sur deux voitures semblables, pesant 3100 kilog. 1 cheval, jantes de 8 centimètres ; propriétaires Bourbon-Coulon.

23 décembre 1846. — Procès-verbal pour 200 kilog. voiture à 1 cheval, pesant 2900 kilog. jantes de 7 centimètres, propriétaire Dumont.

29 décembre 1846. — Procès-verbal pour 250 kilog. voiture à 1 cheval, pesant 3050 kilog., jantes de 7 centimètres et demi, chargée de fumier ; propriétaire, Robert. — Ce procès-verbal a été dressé par un contrôleur qui a considéré la voiture comme une voiture d'agriculture et lui a accordé 2800 kilogrammes.

A ces voitures, à des milliers d'autres, on a appliqué le système de la limitation du chargement par le poids. Nous maintenons que c'est une illégalité ; mais il fallait au moins être conséquent ; la mise en vigueur de ce système devait entraîner l'abolition de celui de la limitation du chargement par le nombre de chevaux. — Si une voiture n'endommage pas la route avec un poids déterminé, peu importe qu'elle soit traînée par un cheval plutôt que par deux. C'est ce qui eut lieu pour les voitures à jantes larges : — La loi du 7 ventôse an XII limitait le nombre des chevaux suivant la largeur des jantes ; le décret de 1806 ayant limité le poids des voitures, la limitation du nombre de chevaux fut annulée ; ceci est à la portée des intelligences les plus bornées ; s'il faut une autorité, il y a une ordonnance royale du 19 mars 1823 qui le dit clairement.

En regard de ces procès-verbaux nous mettrons les suivants :

2 octobre 1846. — Procès-verbal pour jantes étroites, contre une voiture à jantes de 8 centimètres, pesant 2200 kilog. attelée de 2 chevaux, chargée de bois, propriétaire Meunier (avec un seul cheval cette voiture eut pu transporter 2700 kilog.)

11 novembre 1846. — Procès-verbal pour jantes étroites contre un camion à 4 roues, pesant 2500 kilog. attelé de deux chevaux, propriétaires Duclos et Taillade. (D'après le principe établi, ce camion eût pu avec un seul cheval, traîner jusqu'à 4300 kilog., sans être en contravention).

26 août 1847. — Même procès-verbal contre une voiture pesant 1800 kilog. seulement, attelée de deux chevaux, chargée d'avoine, propriétaire Dodun.

30 octobre 1847. — Même procès-verbal contre un fardier chargé de bois, pesant 2850 kilog. jantes de 8 centimètres, attelée de deux chevaux, propriétaire Auclaire. (C'est le cas de la double contravention dont nous avons parlé ; avec un seul cheval on eut dressé procès-verbal de surcharge pour 150 kilog. n'entraînant plus que 25 fr. d'amende au lieu de 50.

Des procès-verbaux semblables ont même été dressés contre des voitures vides. — Que l'on compulse les registres des opérations des différents ponts à bascule, on y trouvera tout ce que nous avançons.

Voici un rapprochement frappant : un sieur Buisson a payé une amende de 27 fr. 50 c. pour avoir transporté 3300 kilog. (procès-verbal du 13 avril 1847) sur une voiture à jantes de 8 centimètres, attelée d'un seul cheval. — Un sieur Dodun cité plus haut a payé une amende double pour avoir transporté une charge presque moitié plus faible, (1800 kilog.) sur une voiture semblable mais attelée de deux chevaux.

Nous ne sommes pas jurisconsulte, mais nous demanderons ce qu'il arriverait, si tous ceux auxquels on a illégalement dressé des procès-verbaux pour surcharge sur des voitures attelées d'un seul cheval, se réunissaient pour attaquer l'administration en restitution d'amendes perçues par suite d'abus de pouvoir? Il serait impossible au Conseil d'état de maintenir la légalité de ces actes, et par suite aux tribunaux compétents de ne pas se prononcer en faveur des demandeurs.

Nous avons parlé de certaines distinctions absurdes faites entre les voitures de roulage et celles de messagerie. — Les voitures à jantes étroites ne sont pas exemptes de cette jésuitique interprétation. — Telles sont les voitures en forme de tapissière suspendues sur ressorts métalliques, attelées de deux chevaux et montées sur quatre roues : — Une de ces voitures conduite au pas, ayant des roues de 8 centimètres passe au droit d'un pont à bascule ; le préposé la soumet au pesage et constate un poids de 2800 kilog.

— Vous allez toujours au pas, demande insidieusement le préposé au conducteur ?

— Oui, répond celui-ci, croyant bien répondre.

— Alors, je vous déclare procès-verbal pour jantes étroites. — Vous avez deux chevaux sur des roues de moins de 11 centimètres ; — Si vous ne m'eussiez pas déclaré n'aller qu'au pas, j'aurais pu vous laisser circuler ; je vous aurais considéré comme un fourgon de 8 centimètres qui peut transporter 3700 kilog.

— Je vous avouerai alors que je vais plus souvent au trot qu'au pas.

— Il est trop tard, vous avez déclaré que vous n'alliez qu'au pas, je vous traite comme voiture de roulage en vertu des Ordonnances royales des 10 décembre 1839 et 29 janvier 1841 (nous devons faire remarquer que circulaires ni ordonnances ne font mention de la largeur des jantes).

— Vous avez une circulaire du 9 décembre 1833, qui au contraire classe ma voiture parmi les fourgons ; d'ailleurs s'il est vrai que vous ne m'eussiez pas inquiété si j'eusse déclaré aller au trot, il s'ensuit que je puis transporter cette charge même en trottant ; de plus, la loi reconnait que le transport au pas dégrade moins la route que le transport au trot, puisqu'elle accorde, à égale largeur de jantes, un poids plus fort dans le premier cas que dans le second. Pouvant aller au trot et n'allant qu'au pas, je prends donc l'intérêt de la route et ne fais que ne pas user de mon droit.

Le 27 octobre 1847, un préposé verbalise pour jantes étroites, contre une voiture de déménagement a quatre roues, suspendue sur ressorts métalliques, attelée de deux chevaux et pesant 2700 kilog. (Ordonnance royale du 29 janvier 1841); — le lendemain il apprend que l'ingénieur en chef n'approuve pas cet acte parce qu'on admettait alors qu'une voiture *suspendue* peut aller au trot ou au pas à volonté, être assimilée à une voiture de messagerie quand elle a deux chevaux et transporter un des poids fixés par l'ordonnance du 5 octobre 1843 ; et aux voitures de roulage quand elle n'a qu'un cheval. — Comment admettre que le nombre de chevaux attelés à une voiture suspendue, la fasse changer de dénomination ? — Nouvelle contradiction avec l'ordonnance du 29 janvier 1841.

En février ou mars 1847, un contrôleur verbalise pour jantes étroites contre une voiture dite omnibus à volonté, allant de Paris à Saint-Denis, et appartenant à un sieur Grivelet ; cette voiture avait deux chevaux attelés de front, des roues à jantes de 5 centimètres et transportait 5 voyageurs. — Nous ne comprenons rien à ce procès-verbal. Pour le motiver, l'employé a donné à cette voiture la qualification de diligence ; il serait superflu de chercher à démontrer la fausseté de cette qualification, car toutes les voitures dites omnibus circulant dans Paris, seraient alors des diligences. — Il n'existe aucune disposition légale qui impose à ces voitures une largeur de jantes déterminée, à moins que ce ne soit contenu dans quelques règlements de police qui n'ont rien de commun avec la police du roulage. — Nous avons entendu soutenir cette opinion : que « les décrets et ordonnances règlementaires des poids, ne faisant pas mention de diligences à jantes au dessous de 6 centimètres, celles dont les roues n'atteignent pas ce chiffre doivent être considérées comme voitures de roulage quant à la largeur des jantes et passibles de l'amende de 50 francs dont parle l'article 3 de la loi du 7 ventose an XII » — Nous n'admettons pas cette conséquence ; cet article 3 ne parle quo des voitures de roulage ; on en chercherait en vain un autre qui spécifie , d'abord qu'il y ait contravention dans le cas précité, puis qu'il y ait lieu à infliger une amende.

L'article 6 de cette même loi, s'exprime ainsi : « A compter du premier messidor an XIII , toute diligence, messagerie, ou autre voiture voyageant au trot, dont le poids excèderait 220 myriagrammes, sera considérée comme voiture de roulage, et assujétie aux dispositions de la présente loi, quant à la largeur des jantes. »—Cela signifiait que toute diligence attelée de plus d'un cheval, pesant plus de 2200 kilog. devait avoir des jantes de 11 centimètres ; mais cette disposition a été annulée par le décret de 1806 qui a fixé les poids des diligences de 6, 7, 8, 9 centimètres et au-dessus ; poids qui , sauf pour les jantes de 6 centimètres sont plus élevés que le chiffre de 2200 kilog. Ce décret ne parle il est vrai que de diligence d'au moins 6 centimètres ; mais, en admettant que cet article 6 pût être appliqué aux voitures à jantes de 5 centimètres, il faudrait que leur poids dépassât 2200 kilog. — Puis voyez comme tout cela est obscur : il résulte de ce que nous venons de dire que les diligences de 5 centimètres pourraient transporter 2200 kilog. et d'après le décret de 1806, les diligences de 6 centimètres n'en peuvent porter que 2000. — En vérité c'est à s'y perdre — Rien de ce que nous venons de voir ne pouvait s'appliquer à l'omnibus du sieur Grivelet. — Nous avons vu des omnibus dont les bandes forment , étant neuves, un demi cercle ayant à peine 4 centimètres de rayon ; qui par conséquent n'ont de contact avec le pavé que sur une surface d'un centimètre environ ; ces voitures pourraient alors être, à bon droit , classées parmi les jantes étroites.

Nous ne pouvons affirmer que ce procès-verbal ait été suivi d'une condamnation à l'amende de 50 fr., mais si l'on considère qu'il est très rare que le Conseil de préfecture ne confirme pas les procès-verbaux qui ne sont l'objet d'aucune réclamation, on peut se demander combien de voituriers, ignorants de leurs droits, doivent se laisser condamner par défaut, par suite de procès-verbaux aussi peu équitables sinon identiques ? — Lorsqu'un voiturier a consigné l'amende entre les mains du préposé, il regarde son argent comme perdu, et presque toujours abandonne toute poursuite.

Le 5 août 1847, procès-verbal pour jantes étroites est encore dressé contre une voiture à 4 roues de 8 centimètres de jantes, attelée de deux chevaux de luxe, et chargée de 5 pièces de vin. — Ces voitures, connues sous le nom de chariots de maîtres, ont été l'objet de dispositions particulières. — Par suite des circulaires des 5 juin 1835, 10 décembre 1839, 24 septembre 1844, elles peuvent être attelées de deux chevaux et transporter le poids fixé pour les voitures à deux roues à jantes de 11 centimètres. — Une de ces circulaires (10 décembre 1839) contient les recommandations suivantes : « Les préposés pourront facilement reconnaître ces sortes de chariots, tant par leur construction spéciale, que parce qu'ils sont le plus ordinairement attelés de deux chevaux de luxe, et que d'ailleurs ils ne doivent être employés qu'au transport de meubles, effets et approvisionnements appartenant aux propriétaires desdits chariots, et non *au transport de marchandises ou autres objets de commerce.* » — Ces derniers mots ont porté leurs fruits ; quand le cas se présente, on questionne le conducteur sur la nature des objets qu'il transporte, leur provenance, leur destination, etc. Si le conducteur *déclare* (souvent sans en être certain lui-même) qu'il s'agit d'une transaction commerciale, quel que soit le poids de la voiture, on dresse procès-verbal pour jantes étroites ; heureux quand on veut bien admettre la solvabilité du propriétaire et ne pas exiger la consignation de 55 fr. ou une caution connue, à défaut de quoi on enverrait les chevaux en fourrière. — On ne court aucun risque et on peut gagner 25 fr. ; le pis aller, c'est que le procès-verbal soit annulé, si, quelque riche qu'il soit, le propriétaire s'avise de trouver mauvais qu'on lève sur lui un impôt forcé, et adresse de pressantes et énergiques réclamations.

La loi du 7 ventose an XII parle de voitures attelées *de plus d'un cheval.* Une voiture attelée d'un cheval et d'un âne est-elle en contravention ? L'ordonnance royale du 4 mai 1830, dit : Non. Celle du 10 mars 1843, dit : Oui. — Laquelle suivre ? — Dans le département de la Seine, les ânes avaient trouvé des sympathies ; heureuses bêtes ! On ne leur faisait pas la guerre. De qui donc leur bonheur a-t-il excité l'envie, pour qu'en 1847, la gendarmerie de la Seine ait, tout-à-coup et sans avertissement, traqué de tous côtés ces animaux inoffensifs.

On a dispensé les voitures de nettoiement de la capitale, des formalités du pesage ; sans doute parce que l'on a pensé que le dommage qu'elles peuvent occasionner à la route, est compensé par les services qu'elles rendent à la salubrité. Pourquoi donc les assujétir aux dispositions relatives à la largeur des jantes ? — L'exemption du pesage comporte la liberté du chargement ; la liberté du chargement comporte la faculté d'atteler deux chevaux sur des voitures à jantes étroites ; cependant on ne verbalise pas contre celles de ces voitures qui ont des roues de 11 centimètres au moins, quelque forte que soit leur charge, et on verbalise contre celles à jantes étroites, quelque faible au contraire que soit leur charge, quand elles sont attelée de deux chevaux.

Que dire de l'ordonnance du 5 juin 1838, rappelée par la circulaire du 27 octobre 1839 ? — « Une voiture à jantes étroites, *attachée* derrière une voiture attelée de plusieurs chevaux, est en contravention à la loi du 7 ventose an XII, quand la voiture à un cheval est chargée, parce que ces deux voitures forment alors un seul et même équipage et que la première n'est qu'un moyen de transmettre à la seconde une partie des forces des chevaux qui la traînent. » Presque tous les rouliers conduisent derrière un fort équipage, une autre petite voiture à un cheval, appelée cariole, maringotte ; à une époque où la limite des poids autorisés était très restreinte, ils cherchèrent à éluder la loi en chargeant cette cariole d'un poids supérieur aux forces d'un cheval, et en la faisant remorquer par la voiture attelée de plusieurs chevaux ; — Cette coutume, tendant à détruire tout le principe de la loi de l'an XII, demandait une répression ; mais il eût fallu laisser moins de vague dans les instructions et mieux définir les cas de contravention (1). Que de fois une corde servant moins à remorquer une voiture pesamment chargée qu'à habituer un cheval à suivre une autre voiture, n'a-t-elle pas fourni matière à procès-verbal et entraîné une amende de 55 fr. ? — Nous avons vu une petite tapissière à 4 roues à jantes de 7 centimètres, chargée de quelques meubles et paniers, attelée d'un seul cheval, et précédée d'un chariot vide. — Un des limons de la tapissière était attaché au moyen d'une corde, derrière le chariot. — C'était bien là la lettre de l'ordonnance, mais, était-ce dans son esprit ? — La tapissière était chargée légèrement et depuis 100 mètres à peine, ces deux voitures suivaient la même route. — Si,

----

(1) Cette ordonnance est un argument de plus contre le droit qu'on s'est arrogé de peser les voitures attelées d'un seul cheval.

n'écoutant aucune des explications fournies, le préposé eût verbalisé pour jantes étroites ; le commissionnaire de roulage eût payé 55 francs d'amende, et ce préposé eût gagné 25 francs ; la contravention était constante, le procès-verbal eût été confirmé, et si le propriétaire eût adressé une demande en remise d'amende, la grâce n'eût porté que sur la part de l'amende revenant à l'état, et nullement sur celle du préposé.

Il y a quelques années, l'administration supérieure faisait souvent remise complète de l'amende aux délinquants qui invoquaient leur bonne foi ou leur état de gêne ; les préposés, ainsi frustrés de la part que la loi leur accorde et qui forme une grande partie de leurs appointements, se rejetaient sur la concussion ; l'ingénieur en chef crut donc servir tout à la fois la morale et la justice en engageant l'administration à réserver, dans les amnisties, la part revenant au verbalisant ; mais il a ainsi involontairement donné une prime d'encouragement aux préposés qui ne craignent pas de dresser des procès verbaux sans discernement. Ces agents ne s'occupent, quand ils verbalisent, que de la *probabilité* de la confirmation ou de l'annulation de leurs actes. Ce n'est qu'une question d'argent. Fi de la justice ou de la légalité !

Que dire encore de la décision du sous-secrétaire d'État du 24 novembre 1843 : — « Les rouliers qui se servent de jantes étroites peuvent atteler un cheval de renfort sur les rampes de 5 centimètres au moins d'inclinaison. » — Dans cette loi, à côté d'une faveur, toujours un abîme. — Qu'a-t-on fait pour assurer l'exécution loyale de cette disposition ? — Quel moyen ont les voituriers de connaître les rampes où ils peuvent jouir de cette faculté ? — Doivent-ils faire euxmêmes le nivellement des rampes qu'ils rencontrent avant de s'exposer à atteler un deuxième cheval ? Mais les voituriers sont peu géomètres. Les gendarmes et les préposés le sont-il plus ? Pourquoi n'avoir pas placé à chaque rampe un écriteau indiquant sa pente ? On aurait ainsi empêché tout équivoque et sauvegardé les intérêts de chacun.

Quand un procès-verbal est l'objet de réclamations motivées sur cette décision, on charge un agent de faire le nivellement de la rampe indiquée, et d'après le résultat de son opération, (qui peut être fausse, soit ignorance, soit erreur), on conclut à la condamnation ou à l'acquittement.

Parlerons-nous enfin de l'ordonnance royale du 15 juillet 1842 : — « Il y a contravention à la loi du 7 ventôse an XII, lorsque sur les roues d'une voiture, il s'en trouve une ayant moins de 11 centimètres de largeur de jantes. »— Pourquoi, lorsqu'il s'agit d'une amende de 55 fr., n'a-t-on pas réfléchi que ce fait ne doit presque jamais provenir que d'un accident et ne se prolonger que par négligence plutôt que par calcul?

IV.

L'Article 12 du décret de 1806.

L'article 12 du décret de 1806, porte :
« Pourront, les propriétaires de voitures et les rouliers, avant de
« commencer leur voyage, se présenter aux ponts à bascule, pour s'as-
« surer du poids, soit des voitures vides, soit des voitures chargées,
» et éviter par là de s'exposer à la contravention. Dans ce cas, ils
« paieront aux préposés, à titre d'indemnité, cinquante centimes
» pour une voiture vide, et 1 franc pour une voiture chargée. »
Que signifie cette phrase : « *Avant de commencer leur voyage?* »
Quel est le point où commence le voyage ; comment cette faculté de se présenter aux ponts à bascule pour éviter la contravention, a-t-elle été comprise, appliquée ; dans quelles limites les voituriers peuvent-ils en jouir ; quand doit-elle leur être refusée? — Le décret se tait sur tous ces points. — Examinons donc comment on procède.

Deux voitures auxquelles nous supposerons un excédant de 100 kilogrammes, partent de Paris, rue Notre-Dame-des-Victoires ; l'une prend la route de Versailles par la barrière Passy, l'autre celle de Melun par la barrière de la Gare et le pont d'Ivry. A 9 kilomètres environ de leur point de départ, chacune d'elles rencontre un pont à bascule, l'un situé à Sèvres, l'autre à Alfort. Chacun des conducteurs demande à jouir du bénéfice de l'article 12 ; celui qui passe par Alfort ne rencontre jamais de difficulté ; celui qui passe par Sèvres, éprouve toujours un refus, sous prétexte qu'il n'est plus au commencement de son voyage (1). Où doit être le commencement du voyage pour celle-ci, si l'on admet qu'il soit à Alfort pour celle-là ? Ces deux voituriers ont déjà parcouru une distance égale, et l'un a le privilége d'éviter la contravention moyennant un franc, tandis que l'autre se voit impitoyablement condamné à payer une amende de 27 fr. 50 c. à titre de réparation de dommage causé à la route. La loi a donc deux poids et deux mesures ?

D'après une ordonnance royale du 4 juin 1823, les voitures chargées de pierre pour l'approvisionnement de Paris, en arrivant à la barrière, ne sont pas au commencement de leur voyage, et le cas d'exception prévu par l'article 12 ne leur est point applicable. — Toutes les carrières qui approvisionnent la capitale, étant situées hors Paris, (quelques-unes à une distance très rapprochée), les voituriers qui font ces transports, sont tenus, pour éviter la contravention, de connaître toujours exactement le poids de leur pierre, et d'être justes appréciateurs de la différence de poids qu'elle peut subir selon sa densité, l'état de l'atmosphère, le temps qui s'est écoulé depuis son extraction de la carrière. Ne pouvant être admis à régler leur chargement, la plus petite erreur leur coûte 27 fr. 50 c.

Qu'un voiturier charge des pierres aux carrières de Charenton pour les transporter Faubourg Montmartre ; en arrivant à la Barrière il est à peine au tiers de sa route et ne peut jouir du bénéfice de l'article 12. Qu'à son retour il charge au Faubourg Montmartre des objets quelconques pour Charenton ; en arrivant à la barrière il a au contraire parcouru les deux tiers de sa route, et il peut éviter la contravention moyennant un franc, parce qu'il sort de Paris. Paris est toujours

---

(1) Plusieurs entrepreneurs de transport ont maintes fois demandé qu'il fût établi à la barrière de Passy, un pont à bascule où ils pussent être admis à régler le chargement de leurs voitures ; leur réclamation est encore dans les cartons du ministère, et ils éprouvent toujours le même refus à Sèvres.

considéré comme le commencement ou le terme du voyage ; Paris
s'agrandirait au point d'avoir 20 kilomètres de traversée qu'il en
serait encore ainsi ; et comme Paris commence et finit à la barrière,
il est très fréquent, pour les transports qui se font entre Paris et la
banlieue, qu'une voiture au commencement de son voyage ne peut
être admise à ce pesage facultatif, tandis qu'une voiture qui le termine
en profite sans difficulté.

Un inspecteur du service ayant remarqué qu'une voiture avait été
admise au pesage facultatif au pont à bascule d'Alfort en venant de
Créteil pour Paris, puis admise une deuxième fois, venant de Paris
pour Créteil, disait un jour : « Si on accorde le bénéfice de l'article 12
à cette voiture, à l'aller comme au retour, on ne pourra donc jamais
lui faire de procès-verbal ? » — Ne semblerait-il pas que les ponts à
bascule n'ont été inventés que pour faire des procès-verbaux ? — Si
cependant le pont se trouve au milieu du trajet, comment faire ? Si
une voiture part de 50 mètres en deçà d'un pont à bascule pour aller
à 50 mètres au delà, où sera, légalement, le commencement de son
voyage ? Lui fera-t-on l'application de l'ordonnance royale du 17
avril 1822 qui s'exprime ainsi : — « Les amendes sont encourues par
le seul fait de la contravention, sans qu'il soit nécessaire de faire constater si cette surcharge a plus ou moins dégradé la route ? »

Les instructions données aux préposés pour accorder ou refuser le
bénéfice de l'article 12, laissent tant à l'arbitraire, que l'agent consciencieux est toujours embarrassé pour les suivre, tandis que les
habiles savent en tirer profit. — Conséquence : transactions honteuses,
dénis de justice, etc.

Un voiturier, incertain du poids de son équipage, mais ayant déjà
parcouru plus de 40 kilomètres, demande son poids à un préposé
(demander son poids, en terme de roulage, signifie demander à jouir de
l'article 12 ; payer son pesage : donner le franc dont parle cet article) ; cette faculté lui ayant été refusée :
— Il m'a été impossible, dit-il, de régler mon chargement à mon départ, faute de pont à bascule ; j'ignore si je ne me suis par trompé en
chargeant ma voiture, et je ne puis être condamné à l'amende pour
ce fait. Le législateur ne voulant punir que la fraude et non l'erreur,

a imaginé l'article 12 ; et le gouvernement n'ayant pas placé des ponts à bascule de kilomètre en kilomètre, je dois être admis à régler le poids de ma voiture au premier pont à bascule que je rencontre.

— Détrompez-vous, vous venez de trop loin ; si votre voiture est en surcharge, elle aura dégradé la route depuis votre point de départ jusqu'ici, et d'après les instructions contenues dans la circulaire du 13 octobre 1837, « vous ne pouvez vous prévaloir du fait qu'il n'existait point de pont à bascule à votre point de départ ni sur votre route ; la contravention et le dommage causé à la route sont consommés ; vous devez payer l'amende. »

Cette circulaire renferme une absurdité ; car, pour exiger la stricte observation d'une loi, on doit avant tout en faciliter les moyens. Pour satisfaire à l'esprit de l'article 12, il faut : ou multiplier les ponts à bascule de manière à ce que les voituriers puissent, de quelque point qu'ils partent, faire régler le poids de leurs voitures ; ou qu'on leur accorde cette faculté au premier pont à bascule qu'ils rencontrent sur leur route. Hors de là, il n'y a qu'injustice.

Les voituriers qui chargent de la pierre à Maisons-Alfort pour Paris, du plâtre à la Villette, peuvent toujours éviter la contravention moyennant 1 franc ; mais pour ceux qui chargent ces mêmes pierres à Charenton, à Montrouge, à Courbevoie, la loi n'a pas d'article 12. — Suivant les lieux où il a plu au gouvernement de placer les ponts à bascules, certains voituriers peuvent éviter les suites d'une erreur à chaque voyage, d'autres jamais.

Lorsqu'un carrier déclare avoir ouvert une nouvelle carrière et demande, par exception, à s'assurer du poids de sa pierre, en vertu de l'article 12, on le lui accorde généralement, par dérogation à l'ordonnance royale du 4 juin 1823 ; mais si, à l'époque où l'on passe du poids d'été au poids d'hiver, il réclame la même faveur pour son premier voyage, on la lui refuse impitoyablement, quoique l'on n'ignore pas que trois ou quatre décimètres cubes de pierre de taille où quelques moellons, peuvent suffire pour le faire condamner à une amende de 27 fr. 50 c. ; quoique l'on sache qu'il y a des carrières où il n'y a pas de mesureur juré ; que ce n'est qu'à la barrière, en vue du pont à bascule, quand il n'est plus temps pour lui de réparer une erreur, qu'il est instruit du cube de pierre qu'il transporte.

Le 9 septembre 1847, un voiturier nommé Fourrez, prend un chargement à la Villette pour Avallon, se dirige par les boulevarts extérieurs, et vient se présenter au pont à bascule de la barrière du Trône, pour faire régler son chargement. On lui refuse le bénéfice de l'article 12, sous prétexte qu'il n'est pas au commencement de son voyage; qu'ayant chargé à la Villette, il aurait du faire peser sa voiture au pont à bascule situé dans cette commune, et on lui dresse procès-verbal pour 150 kilog. d'excédant, malgré ses réclamations et son empressement à décharger cet excédant. — Si ayant traversé Paris, ce voiturier se fût présenté au pont à bascule de la barrière Charenton, on ne lui eût pas même demandé où il avait chargé; — sortant de Paris, et dès lors considéré comme au commencement de son voyage, il eût pu, moyennant un franc, éviter la contravention. Il prend au contraire les boulevards extérieurs et se présente au premier pont à bascule qu'il rencontre (Barrière du Trône) : « Où avez-vous chargé, lui dit-on ? » S'il eût fait une fausse déclaration, dit venir de Belleville ou de Montreuil; il était cru sur parole et admis au pesage facultatif; mais, il répond : « J'ai chargé à la Villette. » Cette franchise lui coûte 27 fr. 50 centimes.

L'article 12 dit-il que le roulier devra se présenter au pont à bascule le plus proche de son point de départ ? Non, il porte au contraire qu'il pourra se présenter aux ponts à bascule. Aux ponts à bascule, c'est bien au pluriel. Le voiturier a donc le choix entre les ponts à bascule de la localité.

Le pont à bascule de la Villette est d'ailleurs situé sur une route opposée à celle que devait suivre le sieur Fourrez; — dans plus d'un cas, l'on verbalise contre les voituriers qui ne sont pas sur leur route; on les accuse de se détourner de leur chemin, dans le but d'éviter un pont à bascule. Pourquoi ce que l'on exige de celui-ci, le défend-on à celui-là ? — N'a-t-on pas maintes fois prescrit aux agents de faire déposer les objets déchargés dans un lieu où le voiturier ne pût les reprendre après le pesage ? N'eût-ce pas été le cas du sieur Fourrez allant faire peser sa voiture à la Villette, déchargeant l'excédant qu'il aurait été en droit de déposer au lieu du chargement (à la Villette) et revenant sur ses pas pour se rendre à Avallon? Chargé de vins et porteur d'une expédition , d'un congé, aurait-il pu se déranger de la route qui lui était tracée ?

La plupart des préposés reconnaissant l'impossibilité de suivre à la lettre toutes leurs instructions, sans tomber dans un arbitraire révoltant , prennent sur eux de les enfreindre ; ainsi peut-être un préposé avait-il, dans un cas semblable, admis le sieur Fourrez à l'article 12, à ce même pont à bascule ; fort de ce précédent il s'y présente de nouveau ; mais le préposé étant changé il est condamné à 27 fr. 50 cent. d'amende. — Enfin, si ayant chargé dans un quartier quelconque de Paris , ce voiturier fût venu par la Gare et le pont d'Ivry , se présenter au pont à bascule d'Alfort, le préposé l'eût admis au pesage sans crainte de blâme ; la distance parcourue avec la surcharge eût été dans ce cas bien plus grande que celle qui sépare la Villette de la barrière du Trône , et c'est sous prétexte que n'étant plus au commencement de son voyage il avait déjà pu endommager la route, que le préposé de ce dernier pont a refusé d'appliquer l'article 12 !

Les agents qui pensent que pour faire exécuter une loi aussi obscure , il convient d'être tolérant, préviennent les voituriers qu'ils contrôlent habituellement d'avoir soin, en demandant leur poids, de toujours déclarer avoir chargé dans le lieu le plus proche du pont à bascule ; si alors un contrôleur se trouve présent , il est lui-même obligé de s'en rapporter à cette déclaration ; car la plupart des transports s'effectuent sans lettre de voiture, et le voiturier qui en est pourvu ne peut être légalement contraint de l'exhiber.

Une diligence passe sur un pont à bascule ; — le conducteur dont la feuille de chargement n'accusait que 4500 kilog. ne demande pas son poids ; — Le préposé constate 5300 kilog. (400 kilog. d'excédant), invite le conducteur à venir assister à l'opération du pesage, en lui annonçant qu'il va verbaliser. — Ce conducteur surpris insiste pour que l'opération soit recommencée ; — même résultat ; — attribuant alors cette différence à une erreur de son administration , il se dispose à décharger l'excédant et demande à jouir de l'article 12. (Cette voiture appartenait à l'entreprise Arnoult, allait de Paris à Troyes ; conducteur Péchinet). Le préposé pouvait refuser et faire un procès-verbal qui lui

eût rapporté 6 fr., l'ordonnance du 18 avril 1822, l'y autorisait ; il ne
je fit pas ; le conducteur paya 1 fr., déchargea et continua sa route.
C'était certes là un acte de tolérance désintéressée, et cependant le préposé fut réprimandé.

Si le sieur Péchinet supposant que sa voiture approchai du poids
légal, eût demandé son poids et se fût présenté ses vingt sous à la
main, l'agent n'eût pas été en droit de verbaliser. — C'est comme
au théâtre ; il faut payer avant d'avoir vu. — Le plus grand nombre
des voituriers ne comprennent pas le système du pesage, et ne peuvent
vérifier eux-mêmes, si le poids qu'on leur déclare, est bien celui, nous
ne dirons pas réel, mais accusé par la machine. — Ces derniers payent
pour ne rien voir.

Un voiturier charge de la pierre à plâtre à Montmartre,
pour transporter à Chartres : il sait n'avoir qu'une faible charge,
mais devant compléter son chargement à Sèvres, il veut savoir au
juste le poids qu'il peut encore mettre sur sa voiture. Il se fait peser
au pont à bascule de la barrière du Roule ; puis après avoir rechargé
à Sèvres, il se présente de même au pont à bascule ; il *déclare* (notez
qu'il n'a pas de lettre de voiture), il *déclare*, disons-nous, avoir chargé ou achevé de charger dans la localité ; on lui applique l'article 12
sans difficulté ; s'il s'est trompé, s'il a de l'excédant, il peut éviter la
contravention. Voilà une voiture qui a eu deux commencements de
voyage : à Paris et à Sèvres. A ces deux ponts à bascule, le conducteur a été, a dû être admis à demander son poids. C'est parce qu'il a
déclaré avoir chargé à Sèvres qu'il a pu de nouveau s'y faire peser ;
mais à un troisième pont à bascule, s'il *déclare* encore avoir ajouté
quelques colis sur sa voiture, il faudra donc encore lui appliquer l'article 12? si sa déclaration est exacte, ce serait justice ; si elle est fausse
il devrait éprouver un refus et être puni s'il est en contravention.
Quel moyen ont donc les agents pour s'assurer de la vérité? — Aucun.
— On dit qu'on doit *exiger* la présentation de la lettre de voiture ; nous
répèterons donc qu'un grand nombre de voituriers voyagent sans lettre ; tels sont les messagers d'une ville à l'autre. Mais, si en ayant une,
le conducteur déclare n'en pas avoir, que peut faire l'agent ? Il ne
suffit pas de dire « *exigez* » il faut en donner les moyens.

Sur la première page du registre destiné à l'inscription de toutes les opérations d'un préposé à son pont, se trouvent les lignes suivantes : « Le préposé remplira autant que possible toutes les colonnes du pré- » sent registre ; il pourra cependant y avoir tolérance pour celles por- » tant les titres suivants : *Nature des chargements, lieux de départ et* » *de destination ; noms des conducteurs.* Ces colonnes sont en effet les » seules qui ne soient pas de nature à être toujours remplies, puisqu'el- » les exigent des renseignements que les voituriers *peuvent quelque-* » *fois refuser.* » Ces instructions sont précises ; le voiturier peut refu- ser ces renseignements ; le préposé doit donc s'en rapporter à la décla- ration du conducteur. Si donc, chaque fois qu'un voiturier *déclarant* avoir complété son chargement dans la localité la plus voisine, deman- dera le bénéfice de l'article 12, on doit le lui accorder ; on arrive né- cessairement à ce qu'il puisse le faire successivement à tous les ponts à bascule qu'il rencontrera sur sa route, et là condition du commence- ment du voyage ne signifie plus rien. Si au contraire, on doit le lui refuser, on tombe dans l'injustice, et l'on oublie que la loi, par cette disposition, a voulu que l'ignorance ou l'erreur pût trouver grâce de- vant elle.

Une circulaire du 8 décembre 1847 invite les préposés du départe- ment de la Seine à « n'admettre au pesage facultatif de l'article 12, » aucune voiture en destination pour Paris, sans que son conducteur » ne fournisse la *preuve* qu'il n'a pris son chargement qu'à un ou deux » kilomètres au plus du pont à bascule où il se présente. » La *preuve !* mais quelle preuve ? Ce ne peut être le témoignage d'un tiers. Fau- drait-il donc, chaque fois qu'un voiturier vient demander le poids d'une voiture chargée de pomme de terre, de paille ou de sable, l'en- voyer, avant de lui accorder le pesage, chercher un certificat du Maire de la Commune d'où il déclare venir ? — A une distance de *deux kilomètres au plus,* ajoute la circulaire ; pourquoi alors l'ordonnance du 4 juin 1823 refuse-t-elle cette faveur aux voitures de pierres pro- venant de carrières qui ne sont pas à cette distance des ponts à bascu- le ? — Pourquoi enfin, une voiture en destination pour Paris, ne pour- ra-t-elle éviter la contravention, quelle que soit la nature de son char- gement, c'est-à-dire quelque difficile que soit l'estimation de son poids relatif, quand elle aura parcouru plus de deux kilomètres, tandis qu'une voiture sortant de Paris, aura ce privilége après en avoir parcouru 8 ou 10, comme cela arrive au pont d'Alfort.

Qu'un voiturier sortant de Paris, passe devant le pont à bascule de la barrière de.... Charenton, sans savoir qu'il existe un pont à bascule à cette barrière; le préposé fait diriger la voiture sur la bascule; que le voiturier alors vienne demander son poids; si la voiture est dans les limites de la loi, le préposé en fait connaître le poids et reçoit un fr. mais si la voiture est trop lourde :

— Pas du tout, je vous déclare procès-verbal.

— Puisque je commence mon voyage, vous ne pouvez me refuser le bénéfice de l'article 12.

— Ce serait vrai si vous vous étiez présenté volontairement, mais il s'agit d'un pesage d'office ; car vous passiez sans faire peser votre voiture, n'eût été mon interpellation.

— C'est mon premier voyage sur cette route, et j'ignorais qu'il y eût une bascule ici ; on m'avait prévenu que j'en trouverais une à Alfort où je pourrais demander mon poids.

— J'en suis fâché ; il fallait prendre un autre chemin, sortir de Paris par la Gare ou Bercy, mais non venir par cette barrière, ou savoir qu'elle est pourvue d'un pont à bascule. L'ordonnance du 17 avril 1822 dit clairement que le préposé n'est pas assujetti à vous prévenir des précautions à prendre au commencement de votre voyage, et que vous êtes passible de l'amende.

— Ma surcharge est trop minime pour que vous puissiez douter de ma bonne foi, pour être si rigoureux il faudrait que les bascules fussent tellement apparentes, qu'à toute heure de jour ou de nuit, un voiturier ne puisse passer à côté de l'une d'elles sans l'avoir aperçue.

Toutes les protestations du voiturier sont vaines, le procès-verbal est dressé, (ou du moins il peut l'être, suivant que le préposé est plus ou moins tenté par l'appât du quart de l'amende qu'il doit recevoir de cet acte inique, mais légal, ou à moins que le préposé ne soit de qui transigent volontiers pour une somme de...... alors, impôt-impôt, le voiturier choisit le plus faible.)

Les dispositions de l'article 12, qui avaient pour but de donner aux voituriers et rouliers, les moyens de n'être pas exposés à payer de fortes amendes pour un fait d'ignorance ou d'erreur, ont engendré la corruption. — La corruption et l'article 12 ont longtemps fait de l'emploi de préposé aux ponts à bascule, un emploi hors ligne, dont le rapport s'élevait à des sommes presque fabuleuses ; aujourd'hui, ce n'est plus qu'un emploi très ordinaire pour l'honnête homme, mais encore assez avantageux pour quelques-uns. Ceux-ci savent faire un adroit mélange de tolérance, de rigueur, de concussion, de dignité, de bassesse ; espèce de macédoine qui se traduit à fin d'année, par un chiffre fort honnête.

Il existe une classe d'employés attachés à la surveillance, dont la position est telle qu'ils doivent éprouver un sentiment de jalousie envers leurs subordonnés. — Ce ne sont pas les hommes que nous voulons attaquer, mais seulement la position qui leur est faite. — Supposez un chef de bureau chargé de faire chaque mois à ses employés, le décompte de ce qui leur est dû, et contraint de leur payer une somme plus forte que celle qu'il touche lui-même. Ce serait n'avoir aucune connaissance du cœur humain que de prétendre que cette disproportion peut ne pas exciter la jalousie. Il n'y a en effet que dans les emplois honorifiques où l'on puisse voir, sans arrière-pensée, un subordonné avoir une position pécuniaire au-dessus de la sienne propre. Nous avons donc dit jalousie, nous le maintenons et le prouvons.

Longtemps les emplois de préposés aux ponts à bascule ont été de véritables synécures rapportant des sommes inconnues. Les agents, dérisoirement surveillés, ont presque toujours impunément pu s'enrichir de la concussion la plus effrenée : ceci est un fait avéré ; aussi ne serait-on pas autorisé à croire que ces emplois mystérieux ont pu, ainsi que l'opinion en est généralement répandue, être accordés à des considérations cupides qu'il n'entre pas dans notre sujet de signaler. Mais, les produits uniquement légitimes, pouvaient atteindre un chiffre assez élevé pour que leurs supérieurs, des Ingénieurs même, éprouvassent un sentiment instinctif de jalousie, en comparant leurs appointements à ceux des préposés sous leurs ordres.

Il n'existait alors aucun registre où ces agents dussent inscrire leurs opérations, conséquemment, pas de comptabilité, pas de contrôle. A Paris, ils correspondaient directement avec le préfet de police, qui ne connaissait de leurs opérations que les procès-verbaux qui lui étaient adressés. C'était l'âge d'or des préposés ; tout puissants dans leurs ponts, ils taillaient en plein drap. Ce n'est que vers 1834, qu'un ingénieur en chef de haut mérite, chargé de ce service dans le département de la Seine, organisa une comptabilité et un contrôle. Justement indigné qu'un emploi qui tient la dernière place dans la hiérarchie des ponts et chaussées, rapportât des sommes énormes à son titulaire, il tenta de réformer les abus. — Surveillances de toutes sortes, ostensibles et inostensibles, par des employés des ponts et chaussées, des agents de la police, des inspecteurs de l'octroi (qui n'y entendaient rien) ; changement du personnel des préposés ; contrôle par les écritures ; comparaison entre les états des opérations faites aux ponts à bascule situés sur la même route ; — vains efforts ! le gouvernement reconnaissait en 1843 que les abus subsistaient toujours. — Parmi les moyens de contrôle et de surveillance qu'employa cet ingénieur, il en est que je dois signaler: Des aspirants à l'emploi de préposé furent érigés en préposés ambulants, et — agents sans honoraires—attachés à la surveillance. Comprend-on un mode de surveillance plus défectueux ? Comprend-on une administration publique où des surnuméraires sont chargés de contrôler ceux dont ils ambitionnent la place? Qu'arriva-t-il? Que tous les efforts de ces agents tendaient à provoquer des destitutions et à se faire nommer titulaires. Alors, ils mettaient à profit l'expérience acquise ; initiés aux mystères de la surveillance, ils savaient plus facilement en détourner les effets.

L'ingénieur s'adjoignit aussi, avec le même titre, des conducteurs des ponts et chaussées, qui, avec douze ou quinze cents francs d'appointements, surveillaient des préposés qui pouvaient gagner jusqu'à huit ou dix mille francs. (Il y avait tels postes où les gains illicites faisaient monter la somme à un chiffre deux et trois fois plus fort.) Quelle autorité, quelle influence pouvaient exercer ces simples employés à 12 ou 1500 francs, sur des hommes si largement rétribués ? Quel respect, quelle considération ces derniers pouvaient-ils avoir pour des chefs dont les appointements n'atteignaient même pas ceux de l'homme de peine qu'employaient les préposés, pour caler les roues des voitures ? De là, des froissements d'amour-propre, des désirs ambitieux surexcités, des jalousies, des haines, ou le plus souvent des complaisances coupables, des arrangements illicites, le plus riche achetant le plus pauvre qui quelquefois ne demandait pas mieux que de se vendre, à moins qu'il n'eût aussi le désir de détrôner ce nabab à son profit. Enfin, la contagion se répandit jusque dans les bureaux de l'ingénieur en chef, et les piqueurs qu'il occupait prévenaient les préposés des surveillances inostensibles dont ils devaient être l'objet.

Ces turpitudes tour à tour découvertes ont amené l'état de choses actuel; les préposés ordinaires ne sont plus choisis parmi les préposés ambulants; ceux-ci ont cessé de faire payer leurs bonnes grâces ou leur silence; mais ils sont toujours moins rétribués que leurs subordonnés; ne pouvant atteindre à la position pécuniaire de ces derniers, ils cherchent à faire descendre celle-ci au niveau de la leur et réunissent leurs efforts pour faire baisser le chiffre des produits légitimes de l'emploi.

C'est pour arriver à ce résultat qu'on a faussé l'esprit de l'article 12; autrefois, les préposés admettaient au pesage facultatif des voitures qui n'y avaient aucun droit; aujourd'hui, on leur enjoint de refuser cette faculté à ceux qui devraient incontestablement en jouir. On commente à son gré ces mots de l'art. 12 : « Avant de commencer leur voyage »; on accable d'amende les voituriers qui font le roulage local, tandis que les rouliers qui fréquentent les routes proprement dites, ont mille moyens de se soustraire aux rigueurs de la loi. Le but de rogner les ongles aux préposés n'est pas atteint, ce sont les petits voituriers qui paient les frais de la guerre. Enfin, quand les produits légitimes diminuent, les produits illégitimes augmentent; et les contraventions que ces agents toléraient jadis comme trop peu importantes, ils les constatent aujourd'hui sans pitié pour avoir le quart de l'amende.

Les betteraves que récoltent les cultivateurs des environs de Paris, sont généralement vendues au poids. Depuis l'établissement des ponts à bascule, ces cultivateurs ont toujours employé ce moyen de pesage; le bulletin délivré par le préposé servait aux transactions commerciales, il était admis par l'acheteur comme garantie de la quantité de betteraves qu'on lui livrait; les recettes provenant de ces pesages

avaient quelqu'importance pour les préposés du département de la
Seine ; elles n'avaient rien que de moral. Eh bien ! une circulaire de
l'ingénieur en chef du 8 décembre 1847, en défendant d'admettre à
l'avenir ces voitures au pesage facultatif, vient de porter un nouveau
coup aux recettes légitimes des préposés. Sans rechercher si les raisons produites dans la circulaire sont réfutables ou non, nous devons
dire que pour les préposés, pour ceux mêmes qui, en désirant que
leurs appointements soient le plus élevé possible, (rien n'est plus natu-
rel) ne veulent cependant les tenir que de moyens équitables et loyaux,
cette mesure n'a qu'un but : diminuer leurs appointements ; le mot
de jalousie circule ; ils s'étonnent du peu de paternité de leur administration ; se demandent si, agents d'une loi ridicule, il n'y a pas du-
perie de vouloir la faire exécuter avec conscience ; il en est même qui,
depuis ce jour seulement, sont entrés dans la voie des transactions. On
leur avait dit : l'emploi de préposé peut rapporter honorablement une
somme de...... Voulez-vous vous contenter de ces produits légitimes?
Mais, en présence de la guerre que l'on fait à leur traitement, guerre
qui n'est compensée ni par la considération publique qu'ils espéraient
rencontrer en remplissant dignement des fonctions qui, jusque là,
l'avaient été si peu, ni par les égards, les formes, le respect que tout
honnête homme est en droit d'attendre de ses supérieurs eux-mêmes,
suspectés au contraire, quand ils ne partagent pas leurs idées intolé-
rantes, plus d'un déchire le contrat et rentre dans le sentier battu.

Dans toutes les administrations, il y a une hiérarchie de grades,
des règlements qui déterminent le mode d'avancement ; dans ce service, il n'en est pas ainsi ; le seul exemple d'un contrôleur choisi parmi
les simples préposés, est tout récent. Si cet employé a consenti à
résiler les fonctions qu'il occupait pour d'autres plus élevées mais
moins rétribuées, c'est que, *d'autres considérations aidant*, il a été en
même temps, et en dehors des règlements établis, incorporé dans
le corps des conducteurs des ponts et chaussées, où il a obtenu immédiatement une position exceptionnelle, et bientôt un avancement
inusité.

Il serait difficile de s'étendre sur les changements successifs sur-
venus dans l'organisation du service à Paris, pour réprimer un abus,

satisfaire une influence, ou mettre fin à certaines disproportions entre les recettes des préposés. Les uns étaient placés à des postes où ils pouvaient recevoir des sommes importantes en vertu de l'article 12 ; d'autres en occupaient dont tous les produits réunis n'auraient pu suffire à couvrir leurs dépenses de première nécessité, et cela quelquefois pendant plusieurs années. Injuste répartition entre employés du même grade qui plaçait ces derniers entre leur conscience et la gêne et les contraignait en quelque sorte de recourir à la concussion. Ces disproportions ont cessé (mais dans le département de la Seine seulement) ; l'ingénieur en chef a sinon contraint, du moins amené les préposés de Paris à consentir à la mise en commun du produit des pesages, afin d'égaliser les appointements de tous ; cette mesure s'est accomplie sous forme d'un contrat sous seing-privé dans les termes dictés par ce chef de service.

Pour donner le change sur le produit de leur emploi, les préposés n'inscrivaient autrefois sur leurs registres, qu'une partie des recettes résultant de l'article 12. C'était une infraction à leurs instructions, qui était connue, mais qu'il était difficile d'empêcher et qui nuisait aux moyens de contrôle. Toutefois elle n'avait pas le caractère d'une infidélité, puisque le produit de ces pesages appartient légalement aux préposés. En les mettant en commun on avait entre autres buts, celui de mettre fin à cette fâcheuse habitude. En dissimulant à l'avenir un pesage article 12, pensait-on, ces agents feront plus que d'enfreindre un ordre, ils commettront un détournement frauduleux au préjudice de leurs camarades ; nous donnons ainsi à cette action un caractère plus grave ; nous les forçons de se contrôler mutuellement. — Nous nous bornerons à demander si l'on peut affirmer aujourd'hui que, chez aucun, la force de l'habitude ne l'ait emporté ?

L'article 12 ! Ce sujet serait inépuisable. Nous terminerons ce chapitre par un mot sur l'article 13.

Les préposés de Paris entendent par article 13, la somme de un franc perçue pour le pesage d'une voiture qui n'est pas dans les conditions prescrites pour l'article 12.

Un voiturier se présente à un pont à bascule, demande son poids et dépose un franc. Si sa voiture ne dépasse pas le poids légal, on lui dit ce qu'elle pèse; viennent ensuite les questions d'usage. — D'ou venez-vous? Où allez vous.? — Si le point d'où le conducteur déclare être parti est assez éloigné pour que le préposé craigne être accusé d'avoir manqué aux instructions qu'il a reçues, cet agent met l'argent en poche et ne passe pas écriture de son opération. — Voilà ce qu'on appelle un article 13.

Qu'un autre voiturier se présente au pont à bascule d'Alfort; il a, dit-il, déjà fait peser sa voiture à la barrière de Charenton, mais, pour plus de certitude, il veut savoir si on lui annoncera le même poids. Il paye un franc. — C'est encore un article 13.

Celui-là, certain d'être au dessous du poids légal, a déjà franchi plusieurs bascules sans s'informer du poids de sa voiture ; on lui propose quelques colis; pour savoir s'il peut s'en charger sans crainte, il demande son poids. — C'est encore un article 13.

Il y a des voituriers qui ont conservé un ancien usage qui consistait à payer un franc au préposé de chaque pont à bascule qu'ils passaient. Quand le cas se présente. — C'est toujours un article 13.

Il y a d'autant plus d'article 13 que les cas d'admission à l'article 12 sont plus limités.

Il est bien entendu que, si la voiture est trop chargée, on refuse l'article 13 et l'on dresse procès-verbal.

<h1 style="text-align:center">V.</h1>

La concussion et les exactions. — Inutilité des ponts à bascule.

Comme l'article 13, la concussion se présente sous mille formes différentes, difficiles à saisir, plus encore à énumérer. Elle fut long_ temps générale, hardie, effrontée, quelquefois grande, généreuse même, à force d'être productive ; aujourd'hui, elle est plus rare, plus timide, mais plate, mendiante, sale, elle se traîne dans la boue. Au temps où elle marchait tête levée, ou certains préposés désignaient hautement les voituriers sous le titre de leurs contribuables, la modi_ cité des poids autorisés rendait les contraventions si multipliées, que les préposées tout en concussionnant sans pudeur, trouvaient encore matière à dresser de nombreux procès-verbaux et à se donner ainsi auprès de l'administration un certain vernis d'intégrité. Ces procès-verbaux frappaient les ignorants ou les simples. On constatait une minime surcharge sur la voiture d'un inconnu, espèce d'oiseau de passage, d'un maladroit; on laissait circuler en franchise dix voitures appartenant aux affidés, et qui transportaient des surcharges énormes. Chaque préposé avait un contrat passé avec toutes les grandes entreprises de messageries et de roulage, avec tous les forts entrepreneurs, carriers, cultivateurs, meuniers, etc., contrat qui s'exécutait comme s'il eût été passé par devant notaire. Moyennant une somme de...... régulièrement payée tous les mois, chacun pouvait circuler avec des chargements illimités ; toutefois, le préposé se réservait la faculté de dresser contre chacun d'eux, un certain nombre de procès-verbaux par mois (2 ou 3), tant pour donner le change sur sa manière de surveiller que pour ne pas redouter les réclamations de ces voituriers, lorsqu'une visite importune le mettrait dans l'obligation d'user d'une feinte sévérité. Les conducteurs étaient parfaitement instruits et tout se passait sans bruit.

Ceux dont le passage n'était pas régulier, payaient au fur et à mesure ; le préposé jugeait de l'opportunité pour lui d'accepter ou de refuser le paiement, de permettre ou de refuser le passage. Il était admis qu'avec les basculeurs (terme usuel), *il y avait toujours moyen de s'arranger.* Aujourd'hui encore un préposé ne constate pas une contravention qu'il ne lui soit fait des offres d'arrangement.

Ces abus ont-ils empêché nos routes d'atteindre l'état de bonne viabilité où elles sont aujourd'hui ?

Ce serait tenter l'impossible que de vouloir suivre la concussion dans toutes les phases qu'elle a traversées. Si elle est moins fréquente de nos jours, ce n'est pas aux moyens de répression employés qu'il faut l'attribuer ; c'est à la force des choses, et surtout à l'augmentation de poids accordée aux voitures, et à l'établissement de nos voies de fer qui ont arrêté l'essor de l'industrie des transports par terre.

Une partie des agents qui ont renoncé à la concussion, ou qui, nouveaux élus ne veulent pas entrer dans cette voie, se sont jetés sur l'exaction. Ils dressent des procès-verbaux quand même, et reçoivent en parts d'amendes ce qu'ils n'osent plus demander à la concussion, plus peut-être qu'elle ne leur rapporterait. L'administration ayant prêché l'intolérance, jugeant du zèle de ses employés au nombre de procès-verbau qu'ils dressent, et leur accordant une prime d'encouragement sous le nom de gratification, ils y trouvent tout profit.

Le 14 septembre 1847, l'ingénieur en chef écrivait à un préposé :

« Monsieur, il résulte du rapport de M***, contrôleur du service des
» ponts à bascule, que vous avez pesé une voiture avec une négligence
» telle, que vous auriez fait un procès-verbal pour surcharge, si le
» conducteur de cette voiture ne s'était rendu près de moi, pour ré-
» clamer contre votre pesage.

« Les explications que vous m'avez fournies sont inadmissibles, par
» la raison que, si vous aviez opéré comme il vous est prescrit de le
» faire, vous n'auriez pu prendre *trois fois de suite* un poids d'un kilog.
» pour un poids de deux kilog. Ainsi, je vous suspends de vos fonctions
» pendant 15 jours et je vous invite fort à *ne plus trouver à une voi-*
» *ture un poids plus fort que celui qu'elle a,* par la raison que je serais
» appelé à voir, en vous, un agent qui, *pour se faire une part d'a-*
» *mende, autrement dit,* VOLER, *avec les circonstances les plus graves*
» *ferait condamner un innocent.* »

Pour motiver le peu de rigueur de la punition pour un tel acte, on s'est appuyé sur ce que ce préposé n'est pas de ceux qui transigent pour de l'argent. Le fait est vrai ; mais à tous les postes où se trouve cet employé, il constate dix fois plus de contraventions que ses collègues. Or, entre l'homme qui reçoit 5 francs pour ne pas dresser un procès-verbal, et celui qui en dresse un, illégal ou faux pour gagner 6 fr. qui pourrait définir le plus probe ?

Pour mettre obstacle aux arrangements illicites, on change fréquemment les préposés de poste. Ce moyen pourrait paraître efficace ; il n'en est rien. Il n'y a que les arrangements qui diffèrent. Nous renonçons à entrer dans les détails ; il y a tant de nuances parmi les préposés. Il en est qui savent si bien exploiter l'emploi et suivant les circonstances où leur intérêt, passer de la tolérance à la rigueur, qu'il faut laisser beaucoup à deviner. On pourrait cependant citer encore telles entreprises qui, indépendamment du pesage (article 12) qu'elles font payer régulièrement et quotidiennement, donnent tant par mois aux préposés qui veulent bien les laisser passer sans verbaliser. Quand surviennent les mutations, l'alarme est promptement répandue, un *tolle* vole de bouche en bouche. Si le nouveau venu passe pour intraitable, on prend ses précautions ; on continue de payer le pesage parce qu'en suspendant cet usage on exposerait le prédécesseur à être suspecté, mais l'abonnement cesse ; avant de passer le pont, le conducteur retire soigneusement la surcharge quand il en a, fait descendre des voyageurs qui remontent plus loin ; les procès-verbaux n'en sont pas plus nombreux, et si quelqu'un y gagne ce n'est pas la route. Ce manége continue jusqu'à l'arrivée d'un préposé plus *arrangeant*.

Les grandes entreprises ont renoncé aux abonnements et aux arrangements qui ont lieu maintenant directement entre les conducteurs et les préposés. Un conducteur de diligence en surcharge, a toujours une pièce de 5 fr. toute prête ; si le préposé accepte, une autre fois il ne se gêne point ; s'il refuse, le conducteur recourt à l'occasion au déchargement et rechargement. Ces conducteurs prennent souvent des commissions pour leur compte : « Ne me faites pas de procès-verbal, disent-ils alors au préposé, j'ai quelque chose pour moi ; il faut bien que tout le monde vive, laissez-moi passer, je vous promets que je ne serai pas pris aux autres bascules ; il y a toujours moyen de s'arranger. » Ce disant, ils allongent la pièce.

L'administration des Messageries Caillard, ainsi que nombre de petites entreprises et de rouliers, a l'habitude de faire payer à es frais, le pesage de 1 fr. par voiture, au premier pont à bascule qu'elle passe; quel que soit le poids de cette voiture, ne fût-elle chargée que d'un ou de deux voyageurs. Les Messageries Nationales n'ont pas conservé cet usage ; les conducteurs font ce qu'ils jugent à propos ; les uns payent le pesage régulièrement et quand même, d'autres ne payent que lorsqu'ils sont incertains de leurs poids ou qu'ils désirent être fixés.

Pourquoi tant d'entreprises, de conducteurs et de rouliers s'imposent-ils cette forte dépense, si ce n'est dans l'espoir de rencontrer au besoin un peu de tolérance ? Qu'est-ce que ce pesage régulièrement payé, sinon un abonnement véritable avec la masse des préposés ? S'ils n'y trouvaient pas un avantage, se grèveraient-ils volontairement d'un tel impôt, même lorsqu'ils sont assurés de n'avoir pas à redouter la contravention, ou avoir momentanément affaire à un préposé qui n'aurait aucun égard et verbaliserait pour le plus minime excédant ? — La plupart des agents leur tolèrent effectivement ce qu'ils ne pardonnent pas à ceux qui ne paient que par hasard.

Il y a des préposés qui ne passent rien pour rien, dont toute la tolérance consiste à ne pas dresser procès-verbal pourvu qu'on leur donne à peu près la somme que leur rapporterait le quart de l'amende encourue : « Je veux bien être tolérant, disent-ils, mais il faut que le prêtre vive de l'autel. » Ce qui pourrait surprendre et qui s'explique cependant par l'intérêt qu'elles y trouvent et la crainte de ne plus rencontrer les mêmes facilités, c'est que les victimes de ce *chantage* s'empresseraient de venir en aide à ces préposés si ceux-ci avaient besoin de leur témoignage pour se laver d'un soupçon.

Les transactions avec les cultivateurs sont à peu près nulles. Ces voituriers ne fréquentant pas habituellement les grandes routes, n'ont pu acquérir les qualités exigées pour être maintenant encore admis à cette faveur. On se borne à être un peu tolérant pour ceux qui payent leur pesage, afin de maintenir l'équilibre des recettes ; en concussionnant avec eux, on s'exposerait à leurs indiscrétions. Il en est de même avec tous les voituriers qui font des transports à petite distance ; — sauf les exceptions qui dépendent du savoir-faire.

On n'a pas la moindre tolérance pour les voitures de roulage accécéléré, parce que les conducteurs de ces voitures ne paient jamais leur pesage en partant.

Avec les rouliers proprement dits, comme avec les conducteurs de diligences, les transactions sont à peu près sans danger. Quand un préposé sait se mettre personnellement à l'abri de la surveillance, il n'a à redouter de leur part, ni indiscrétions, ni récriminations. Habitués à parcourir de longues routes, ils sont routinés à toutes les ruses, façonnés aux différentes manières de procéder de chaque agent ; et toutes leurs plaintes, toutes leurs révélations ayant tourné à leur désavantage, ils ont été presque contraints de se résigner au rôle de corrupteurs.

Nous donnerons ici pour les profanes la signification d'un mot fréquemment employé : *Passer*, en langage de préposé, de rouliers ou de conducteurs, signifie franchir un pont à bascule, étant en contravention, sans qu'il soit verbalisé. Il y a plusieurs manières de *passer*; on *passe*, en payant le préposé ; c'est la manière la plus commune. On *passe*, quand le préposé n'est pas arrangeant, soit en se détournant de sa route, soit en enlevant une partie du chargement qu'on fait transporter au delà du pont à bascule, pour le recharger ensuite. Ces deux manières faisant perdre beaucoup de temps, on préfère la première qui est encore la moins coûteuse. On *passe* aussi, en trompant la surveillance du préposé ; à cela rien à dire, car, fut-elle bonne, une loi ne peut atteindre tous les délits. Il y a des routes où il est difficile de *passer*, soit que les ponts à bascule soient multipliés, soit que les agents soient plus surveillés ou plus craintifs. Il y en a d'autres où l'on *passe* facilement, en se conformant aux mesures de précautions recommandées par les préposés. Tel individu *passe* partout, parce qu'il a donné maintes preuves de savoir-faire, de discrétion, tandis que tel autre qui aura failli compromettre un agent par une réclamation révélatrice, se voit sevré de toutes faveurs.

Sur la route de Flandre, les rouliers *passent* partout ; comment s'y prennent-ils? peu importe ; ils passent, c'est un fait, puisqu'ils transportent presque tous de la surcharge, et que l'hiver, notamment, ils chargent presque toujours le poids d'été si ce n'est plus. A six ou sept cents mètres du pont à bascule dit de la grande Villette, il s'est organisé tout un système de chargement et de déchargement (comme sur beaucoup d'autres routes), dans l'intérieur d'une auberge, ou même sur la voie publique. Les rouliers déchargent là tout ce qui excède le poids légal, le mettent sur des camions ou des charrettes, puis viennent sans crainte soumettre leur voiture au pesage ; s'il est vrai que l'excès de chargement ait endommagé la route, ce dommage est consommé, les préposés sont obligés de rester spectateurs de cette fraude, n'ayant aucun moyen de la réprimer, et les contrôleurs du service, qui savent parfaitement qu'elle existe, en sont également réduits à la déplorer. Tout ce qu'ils peuvent faire c'est de veiller à ce que les préposés ne la favorisent pas trop ouvertement.

Le 27 mars 1845, la lettre suivante est adressée à un préposé :
« Ne pouvant, Monsieur, admettre aucune des explications que vous
» m'avez fournies, au sujet des trois voitures de la veuve Bourbon et du

» sieur Morel, qui, après avoir été pesées par vous, le 11 de ce mois,
» au pont à bascule de la grande Villette (article 12), ne sont point ins-
» crites sur votre registre et ont été prises au pont de Soissons avec
» des surcharges de 1800, 700 et 1500 kilogrammes, je vous suspends
» provisoirement de vos fonctions pendant quinze jours. »

Il est résulté de l'instruction de l'affaire que ces trois voituriers avaient payé une somme de.... au préposé, et que sans la présence inopinée d'un contrôleur du département de la Seine qui avait suivi les voitures jusqu'au pont à bascule de Soissons, ces voituriers *passaient* également à ce pont à bascule.

Il est des questions brûlantes que l'on redoute toujours d'approfondir. Nous mentionnerons cependant une ruse qui a été longtemps employée à ce pont à bascule de la grande Villette, pour tromper la surveillance des contrôleurs. — Avant l'ouverture du chemin de fer du Nord, cette route était fréquentée par un grand nombre de rouliers. La fraude était parfaitement organisée ; préposés et voituriers s'entendaient comme larrons en foire, l'un chargeant à volonté et payant généreusement ; l'autre n'ayant qu'à tendre la main et emportant chaque jour — qui le croirait — de 50 à 80 francs au moins de gains illégitimes (aujourd'hui, ces actions ont baissé, néanmoins, elles sont encore d'un assez joli rapport pour qui sait les exploiter).

Quoiqu'il fut expressément recommandé à tous les voituriers en surcharge de ne passer que très tard ou de grand matin, il y en avait toujours quelques-uns qui se présentaient en plein jour. Ce n'était pas sans inconvénient, puisque c'est généralement dans le jour qu'ont lieu les visites des contrôleurs. Pour conjurer cet orage, dès qu'apparaissait un visage redouté, on remettait une clef à un passant quelconque avec instante prière de la remettre à un aubergiste désigné ; c'était un signal qui signifiait : « Prévenez les habitués qu'il y a du danger. » La circulation se rallentissait, et le contrôleur n'avait aucune contravention à constater. Après son départ, un autre passant était prié de dire au même aubergiste de renvoyer la clef ; autre signal signifiant : « Le danger est passé. » — De nos jours, on se borne à imposer aux voituriers qui veulent *passer*, l'obligation de venir préalablement s'informer s'il y a possibilité de le faire sans danger.

Un voiturier allant de Paris à Marseille réclame le bénéfice de l'article 12. On lui annonce que sa voiture pèse 100 kilogrammes de moins que le poids permis : « Ah ! tant mieux, dit-il, je craignais d'être un peu lourd ; j'ai neuf bascules à passer d'ici Marseille, il m'aurait fallu payer mon pesage à tous les basculeurs, et on ne gagne pas assez pour cela maintenant. » N'était-ce pas un aveu positif qu'il pouvait *passer* partout, et que tout se réduisait à une question d'argent ?

Pour exiger de la moralité dans les agents chargés de faire exécuter une loi, la première condition, la condition *sine quâ non*, c'est la moralité dans la loi. Or, quelle loi est plus immorale que celle qui nous occupe. Si, après le décret de 1806, on eût, sinon immédiatement, du moins progressivement formé *ad hoc* une vaste et importante administration, avec tous les ressorts qu'une telle organisation comporte, ses directeurs, sous-directeurs, inspecteurs, contrôleurs généraux et ordinaires ; si on eût successivement apporté dans la loi les réformes que le temps et l'expérience eut démontrées nécessaires, peut-être les ponts à bascule eussent-ils pu devenir véritablement la sauve garde de nos routes ; mais à peine ce décret fut-il rendu, qu'on ne s'en occupa plus et qu'on l'abandonna à ses propres forces.

Les préposés et les ponts à bascule furent placés sous la direction immédiate des ingénieurs des ponts et chaussées qui ont généralement négligé cette partie de leurs attributions. On comprend en effet que ces fonctionnaires, occupés de travaux d'art, d'études spéciales, se soient presque toujours bornés à la partie matérielle de ce service, c'est-à-dire aux travaux que l'établissement et l'entretien des ponts pouvaient nécessiter, et que beaucoup aient éprouvé une certaine répugnance à surveiller les opérations des préposés, non seulement parce que, pour être efficace, la surveillance aurait dû être constante, mais encore parce que, par son caractère et les moyens qu'il eût fallu mettre en œuvre, elle pouvait leur sembler devoir rentrer dans les attributions de la police ordinaire. Quel ingénieur, ayant des travaux importants en cours d'exécution, consentirait à se priver du concours d'un de ses conducteurs, pour l'envoyer surveiller un préposé aux ponts à bascule ? Le détail qu'un ancien préfet de Lyon a fait à la chambre des pairs des ruses auxquelles il avait été obligé de recourir pour convaincre un préposé de fraude, suffit d'ailleurs pour donner une idée du peu d'efficacité de la surveillance exercée ordinairement par les conducteurs.

L'administration avait dit à des employés : voici un instrument de pesage dont il sera impossible de vérifier sur l'heure l'exactitude ; vérifiez le poids des voitures ; ce que vous affirmerez sera déclaré vrai ; on met à votre disposition les intérêts des routes et de l'industrie ; vous n'aurez que quelques centaines de francs d'appointements, mais les conducteurs et propriétaires de voitures ont la faculté de vous donner un franc en commençant leur voyage, et vous aurez une forte part dans les amendes qui seront prononcées par suite de vos procès-verbaux ; dans ce supplément d'appointements vous trouverez d'amples dédommagements à la modicité de votre traitement.

Ces dispositions ne tardèrent pas à porter leurs fruits ; les ponts à bascule étaient à peine établis que les abus commencèrent et qu'on vit des préposés arriver en peu d'années à des positions de fortune qu'un honnête industriel ne pourrait acquérir en 25 ou 30 ans de travaux et de sueurs. Un ingénieur des ponts et chaussées, homme de talent, d'intelligence, dans une position sociale conquise à force d'études et de veilles, n'ayant que trois à quatre mille francs d'appointements, se vit éclipsé par le luxe arrogant d'un préposé aux ponts à bascule, homme placé au dernier degré de l'échelle administratives, espèce de machine à placer des poids sur une balance ; mais machine qui gagnait dix, vingt, trente mille francs par année et quelquefois plus (nous n'exagérons rien). Comment concevoir que l'administration supérieure n'ait pas mis un terme à un état de chose aussi scandaleux, et que la clameur publique ne lui permettait pas d'ignorer.

Au lieu de prendre des mesures larges, de tailler dans le vif, de provoquer même immédiatement la révision d'une loi qui avait manqué son but, on a fermé les yeux sur les abus ; ces emplois n'ont été accordés qu'aux solliciteurs appuyés des plus hautes protections ; on a modifié deux ou trois fois le tarif des poids autorisés, et accordé quelques amnisties.

Les entrepreneurs de transports étaient satisfaits de n'avoir plus à payer les amendes auxquelles ils avaient été condamnés, mais les préposés, perdant par suite de ces amnisties les parts d'amendes que la loi leur attribue, les abus augmentaient au lieu de diminuer, ces agents préféraient concussionner, puisqu'ils pouvaient le faire impunément, que de dresser des procès-verbaux qui ne devaient rien leur rapporter (1). Les uns payaient largement, les autres ne sévissaient que contre qui ne payait pas ; les chargements excessifs sillonnaient les routes, et malgré tout, on proclamait l'utilité des ponts à bascule. — Dérision ! — Ne vaudrait-il pas mieux cent fois qu'ils fussent abolis que de servir d'aliment à cet agiotage ignoble ?

S'il n'y avait plus de ponts à bascule, le roulage, dit-on, transporterait des poids excessifs ; toutes les routes se trouveraient en peu de temps dans l'état de dégradation qu'on a signalé dernièrement sur celle de Marseille à Avignon, à la suite de la faveur momentanément accordée au transport des grains.

La route de Marseille à Avignon a été gravement dégradée, c'est vrai ; il a fallu un crédit supplémentaire de 300,000 francs pour réparer ces dommages, c'est encore vrai ; mais pour les préposés aux ponts à bascule, c'est le secret de Polichinel.

Une exception avait été faite en faveur des transports de grains. Eh bien ! les autres voituriers auront voulu en jouir également, et les préposés auront d'autant plus volontiers accueilli leurs réclamations qu'elles étaient accompagnées de l'argument de Bazile et que tout pouvait être mis sur le compte des grains. Tous profitèrent de la faculté en gens qui savaient qu'elle ne pouvait être de longue durée.

---

(1) Il a toujours été, il est encore apporté dans le recouvrement des amendes du département de la Seine, une négligence telle qu'il en est un grand nombre qui ne rentrent jamais. — Pour ceux qui voient dans les procès-verbaux les plus rigoureux, les plus injustes, le moyen d'arriver à un chiffre d'appointements rapproché de celui que produit la concussion (depuis 3 ou 4 années, quand paraît une amnistie, elle réserve toujours la part du verbalisant), cette négligence est une juste mais bien insuffisante punition de leur intolérance, de leurs exactions. — Pour ceux qui concussionnent elle est un encouragement à persévérer dans cette voie. — Et pour ceux qui voudraient remplir leurs fonctions avec probité, elle est un sujet de découragement qui les porte quelquefois à faillir ou au moins leur fait trouver dans la pensée une excuse en faveur de ceux qui, en présence de leurs intérêts compromis, ne s'arrêtent pas à des scrupules de conscience.

Les préposés n'avaient rien à craindre ; toute voiture pouvait passer pour chargée de grains ou de farine, et chacun y trouva son compte les préposés surtout.

Était-ce d'ailleurs une liberté illimité de chargement qui avait été accordée au transport des grains ? Non. Il avait seulement été permis à ces voitures de transporter en hiver le même poids qu'en été. Or, il a été affirmé à la chambre des députés, en 1843, par des ingénieurs distingués, que des expériences récentes avaient prouvé qu'on pouvait, *sans danger pour les routes, accorder en hiver le même poids qu'en été* (ce qui a déjà lieu pour les diligences). Si donc cette route a été horriblement dégradée en peu de temps, c'est : ou qu'elle n'était pas bien entretenue ; ou que les voituriers, de connivence avec les préposés, ont chargé non le poids qu'ils mettraient habituellement, s'ils en avaient toujours la faculté ; mais des poids excessifs, en prévision des entraves que bientôt ils rencontreraient de nouveau.

Enfin, nous avons cité des faits qui se passent journellement encore sur la route de Flandre ; ils sont faciles à vérifier : s'ils sont exacts comme nous ne craignons pas de l'affirmer, pourquoi cette route et bien d'autres, n'éprouvent-elles pas le même sort que celle de Marseille à Avignon ? Tout cela n'est que plaisanterie. Il n'y a pas un homme initié aux mystères des ponts à bascule, qui ne levât les épaules s'il apprenait qu'on s'appuie de ce fait pour combattre l'abolition de cette loi.

Dans tous les cas, si on croyait que les routes dussent perdre par suite de cette suppression, la morale publique y gagnerait. N'est-ce donc rien que d'arrêter le scandale, que de mettre fin à des inégalités monstrueuses , à des injustices révoltantes ? Et si on persistait à prétendre que, malgré la décroissance des transports sur les routes, malgré l'établissement des chemins de fer, les dépenses de l'entretien des routes obèreraient le budget ; qu'on établisse un impôt sur les voitures, cela ne présenterait que des difficultés contestables et serait au moins moral.

VI.

Contraventions de surcharge constatées par estimation. — Art. 43 du décret du 23 juin 1806.

L'article 3 de la loi du 29 floréal an X, s'exprime ainsi :

« Le poids des voitures sera constaté au moyen de ponts à bascule établis sur les routes dans les lieux que fixera le gouvernement,

« *Jusqu'à l'établissement des ponts à bascule,* la contravention sera constatée par la vérification des lettres de voitures. »

Les ponts à bascule, une fois établis sur les points fixés par le gouvernement, et après le décret du 23 juin 1806, la loi ne reconnaissait donc plus d'autre moyen de vérification que le pesage. Ce décret de 1806 ne fait, en effet, nulle mention de la vérification des lettres de voitures comme moyen de constater les surcharges; il dit au contraire, article 10 : « La vérification du poids des voitures désignées » dans le présent décret, sera faite au moyen des ponts à bascule déjà » établis ou à établir par la suite.

» Lorsqu'il y aura lieu à la vérification du poids des voitures employées à la culture, elle se fera également par le moyen des ponts » à bascule, *si elles passent sur le point où ils seront établis.* »

Le poids de celles qui ne passent pas sur les points où sont établis les ponts à bascule, ne doit conséquemment pas être soumis à vérification. — Comment se fait-il que, dans le département de la Seine, on ait autorisé quelques agents à constater, même sur les voitures employées à la culture, des contraventions de surcharge par estimation de poids ; et cela sans même mentionner dans les actes de cette nature, la disposition législative en vertu de laquelle on procède ainsi ?

Un employé rencontre une voiture sur un point quelconque de la voie publique ; sur sa sommation, le conducteur est tenu, sous peine d'un procès-verbal de refus de vérification, entraînant 330 francs d'amende, de suspendre son voyage, de laisser à cet employé le temps qu'il lui plaît prendre pour vérifier, métrer, compter les différentes arties de son chargement, en estimer arbitrairement le poids, et cette estimation a la même valeur qu'une vérification par le pesage. — On conviendra que c'est bien légèrement accorder un privilége d'infaillibilité aux deux ou trois agents dont nous voulons parler. — Si, ses calculs terminés, l'employé ne trouve pas matière à contravention et permet au voiturier de continuer sa route, cet homme a été, sans motifs, interrompu dans son travail, il a éprouvé un préjudice grave, et cet acte arbitraire est légitimé par l'administration, par le Conseil de Préfecture et même par le Conseil d'État.

Les faits prouvent, dit-on, que c'est en dehors des ponts à bascule que se rencontrent les plus fortes surcharges. — C'est possible, cela doit être.—Ces estimations, ajoute t-on, sont toujours plutôt au dessous qu'au dessus de la vérité.—Nous ne cherchons pas à le contester, nous ne discutons que le point de droit. Si la loi eût voulu que ces contraventions fussent constatées et punies, elle eût pris des mesures pour que le chargement de TOUTES *les voitures indistinctement,* pût être toujours et en tout lieu vérifié. Or, ces employés rencontrent une voiture chargée d'objets dont ils ne connaissent pas le poids relatif : linge, meubles, fumier, colis de roulage, etc., que font-ils ? Ils la laissent circuler. Ils s'exposent même rarement à demander la lettre de voiture, sachant que s'il leur était répondu : «Je n'en ai pas », ou même : « Je ne veux pas vous la présenter », ils ne pourraient rien exiger. Cette voiture peut donc (sciemment même), transporter un excédant de deux ou trois mille kilogrammes, sans craindre d'autre contrôle que le pesage; tandis que derrière elle on arrêtera, sur la voie publique, une voiture chargée de blé, d'avoine, de pierre, de bois, sur laquelle, après vérification et estimation approximative, on constate, par procès-verbal. deux ou trois cents kilogrammes de surcharge.— Une loi pourrait-elle consacrer une aussi choquante inégalité de droit ?

L'article 43 du décret du 23 juin 1806, est ainsi conçu : « Tout » voiturier ou conducteur qui, pour éviter de passer un pont à bascule, » se détournerait de la route qu'il parcourait, sera tenu, sur la réqui » sition des préposés, de la gendarmerie ou autres agents qui sur » veillent le service des ponts à bascule, de conduire sa voiture pour » être pesée sur ce pont à bascule. »

Tout voiturier qui, POUR ÉVITER DE PASSER SUR UN PONT A BASCULE, *se détournerait de la route* QU'IL PARCOURAIT..... c'est bien vague ! Cependant, que sur une grande route on prétende qu'un voiturier qui se détourne de la route qu'il parcourait, ne peut avoir d'autre but que d'*éviter de passer un pont à bascule,* on le comprend, quoique généralisé, ce soit pousser un peu loin la prétention de juger de l'intention ; mais, que dans Paris, dans le département de la Seine, cet immense labyrinthe, où dix voies conduisent au même point, on s'appuie sur cet article pour imposer aux voituriers partant d'un point quelconque *intrà muros,* pour se rendre à un autre point *extrà muros,* l'obligation de prendre tel ou tel chemin, on ne le comprend plus.

Il y a deux routes qui conduisent de Paris à Châlons (sur Saône) ; a-t-on jamais pensé à contraindre les voituriers à prendre celle qui passe par Melun et qui est la plus courte, de préférence à celle qui passe par Brie-Comte-Robert, qui est cependant la plus fréquentée. Pourquoi un voiturier qui charge au canal, à l'entrepôt, pour la Chapelle-Saint-Denis et *vice versà,* ne pourrait-il suivre la route qui lui paraît la plus facile, sans être accusé de chercher à éviter le pont à bascule situé à la barrière Saint-Denis ? En supposant que la route qu'il prend soit la plus longue, la loi a-t-elle imposé aux voituriers l'obligation de prendre le plus court chemin ? Non. Peut-on lui appliquer ces mots de l'article 43 : « qu'il se détournait de la route *qu'il* » *parcourait, pour éviter de passer le pont à bascule ?* » Impossible. Cet article ne dit pas seulement qu'il faut que les voituriers se détournent de la route *qu'ils parcouraient,* mais il ajoute qu'il faut que ce détournement ait *pour but d'éviter de passer un pont à bascule.* Si, dans certains cas, comme pour l'application de l'article 12, vous voulez scrupuleusement suivre la lettre de la loi, soyez conséquents, suivez-la partout. S'il est juste d'imposer aux voituriers l'obligation du plus court chemin, faites des règlements qui fixent un itinéraire pour tous les trajets ; et si vous reconnaissez que cela n'est pas praticable, ne laissez pas cette question au jugement arbitraire d'agents intéressés à trouver partout matière à verbaliser. Si vous avez jugé que les ponts à bascule établis suffiraient à la surveillance générale, subissez-en la conséquence. Si vous ouvrez une nouvelle voie de communication, placez-y un pont à bascule si vous le jugez utile, mais, ou ne l'ouvrez pas, ou permettez qu'on s'en serve sans entraves illégales. Tant pis si l'on en profite pour se soustraire aux dispositions de la loi sur la police du roulage, puisqu'en établissant les ponts à bascule, on a dû prévoir que les points qui en seraient dépourvus échapperaient à la surveillance.

Un préposé placé au pont à bascule de la barrière du Roule, trouva un jour dans cet article le moyen d'augmenter ses produits en parts d'amendes d'une façon toute particulière. Il envoyait ses fils instruits *ad hoc*, en observation à la barrière de Monceau et sur les routes environnantes, avec mission de sommer les voituriers qu'ils rencontraient de se rendre au pont à bascule du Roule, pour y soumettre leurs voitures au pesage. — Des hommes non assermentés, non commissionnés, n'ayant nullement qualité, parlaient au nom de la loi, et les voituriers, soit crainte, ignorance ou crédulité, se soumettaient à leurs injonctions. — De nombreux procès-verbaux ont ainsi été dressés. — Le fait ayant été dénoncé, on fit cesser l'abus, mais les procès-verbaux n'en furent pas moins confirmés. — La contravention était *constante.* — Comme si cela pouvait dispenser de la légalité.

Dans quelle autre de nos lois de tels abus pourraient-ils passer inaperçus ? — Ils ont cependant été plusieurs fois signalés. Un adjoint au maire de la commune de La Chapelle a fait à ce sujet insérer une lettre dans la *Démocratie pacifique.* Une autre lettre signée des principaux carriers du département a également été publiée par plusieurs journaux. Toutes deux signalaient des abus ; toutes deux sont restées sans effet comme sans réponse.

VII.

L'article 44 du décret de 1806.

Dans les causes qui ont engendré les scandales, l'article 44 du décret de 1806 ne le cède en rien à l'article 12. Si ce dernier, en mettant les préposés pour ainsi dire en relations d'intérêt avec les voituriers ou conducteurs, en les familiarisant avec l'habitude de recevoir de l'argent, d'attendre leur salaire de ceux qu'ils devaient surveiller, contre lesquels ils devaient sévir ; en les poussant dans la voie de la tolérance, des égards que tout homme aura toujours pour celui qui lui procurera un gain régulier et quotidien, n'eût enfanté la concussion, l'article 44, par les dispositions qu'il contient, n'eût pas manqué de le faire.

Aucune voiture prise en contravention ne peut, selon cet article, continuer sa route sans avoir déchargé l'excédant de poids constaté, et avoir réalisé le paiement de l'amende ou fourni caution. — L'article 32 porte que l'amende doit être versée entre les mains du receveur de la commune, — et l'article 36 défend sévèrement aux préposés de recevoir eux-mêmes les amendes. — En outre, le plus grand nombre des ponts à bascule ont été, ont dû être, en raison des motifs pour lesquels ils ont été institués, — la protection des routes — établis sur des points souvent très éloignés de toute autorité, quelquefois même de toute habitation.

Qu'on se figure maintenant un voiturier pris en contravention à une heure avancée de la nuit.

— Avant de continuer votre route, lui dit-on, il faut payer l'amende entre les mains du receveur.

— Le receveur demeure à deux lieues d'ici, et à cette heure son bureau serait fermé (1).

— Il faut alors attendre à demain.

— Impossible ! ce retard me causerait de graves préjudices ; je vais vous payer l'amende, laissez-moi partir.

— Je ne puis, à moins que vous ne me présentiez une bonne caution.

— Je suis étranger dans ce pays et j'offre de payer.

Combien d'hommes, dans un embarras pareil, après avoir épuisé les prières et les sollicitations, se feraient-ils scrupule de descendre au rôle de corrupteurs? Puis, faisons la part des faiblesses humaines. En est-il beaucoup aussi, dans une position analogue à celle du préposé, seul, sans surveillant, maître de gracier comme de sévir, disposé

---

(1) Ce n'est — dans le département de la Seine — que le 27 avril 1822, c'est-à-dire 16 ans après la promulgation du décret de 1806, que les préposés furent autorisés par le Préfet de police à recevoir, dans ce cas, provisoirement, la consignation du montant de l'amende.

peut-être à la clémence, mais arrêté par le sentiment de l'intérêt personnel — à défaut du devoir — qui aurait l'âme assez fortement trempée pour ne jamais s'abandonner au désir de mettre d'accord son intérêt avec la clémence ? Nous ne craignons pas d'avancer qu'il est impossible à un agent d'une telle loi, quel que soit le cri de sa conscience, de ne pas se laisser aller à commettre des actes que dans son for intérieur il réprouve.

Mais admettons que ce voiturier ait pû, comme aujourd'hui, consigner le montant de l'amende entre les mains du préposé (1), il n'aura satisfait qu'à la moitié des exigences de l'article 44. Reste le déchargement ; ici, nouvelles difficultés. — Absence d'un lieu pour déposer les objets à décharger. — La voiture est chargée d'objets indivisibles. — Le déchargement ne peut concorder avec l'engagement pris par le voiturier de rendre à destination tout ce que porte sa lettre de voiture. — La surcharge provient de la pluie ou de la boue, et le chargement imprégné d'eau, en séchant le lendemain, diminuera du poids dont cette pluie l'a augmenté. — Si c'est une diligence, elle ne peut laisser à moitié route les voyageurs et leurs bagages. Mille raisons que l'homme pratique seul peut apprécier, s'opposent à la stricte exécution de cette disposition et contraignent le préposé à user d'une tolérance utile à l'industrie, et que les voituriers habitués déjà à apporter quotidiennement aux préposés leur salaire (article 12), devaient naturellement se croire obligés de récompenser. Il ne faut pas faire un effort de raisonnement pour comprendre, d'après toutes ces dispositions vicieuses, comment la concussion est parvenue à être organisée sur toutes les routes et sur une aussi vaste échelle.

Mais, par dessus tout, il y a l'hypothèse du refus obstiné de se soumettre à l'injonction du préposé, quant au déchargement et même quant à la consignation de l'amende. Dans aucun article de loi, dans aucune ordonnance, ce cas n'a été prévu ; dans les circulaires dont cet article 44 a été l'objet, on se contente presque toujours de

---

(1) Cette faculté n'est pas non plus sans inconvénients, puisqu'on pourrait citer tel agent qui s'appropriait ainsi ces amendes, au lieu de les verser entre les mains du Receveur. Le fait est récent.

dire aux préposés : « *exigez* » sans leur donner d'autre moyen de le faire que de recourir à la force armée ; moyen tout à fait illusoire, puisqu'il ne peut être appliqué partout, la majeure partie des ponts à bascule étant éloignés de toute autorité.

Cent circulaires préfectorales contiennent les mêmes recommandations aux préposés du département de la Seine ; toutes ont été vaines ; elles devaient l'être. Nous donnerons quelques extraits des plus remarquables d'entre elles.

19 avril 1830. « Peu de préposés ont le soin de faire décharger l'excédant du poids des voitures qu'ils ont vérifiées ; sous prétexte que le chargement est, à peu de chose près, arrivé à sa destination, ou qu'il n'y a point de lieu pour recevoir l'excédant, ou enfin que le déchargement présente des difficultés. »

« Si la voiture est près de sa destination, ce n'est point un motif de vous écarter de vos instructions, parce que les réglements ne font point d'exception, et qu'il est constant que les voitures trouvées en surcharge, dégradent le pavé dans le trajet qu'elles ont à parcourir pour arriver au lieu de leur déchargement. Vous devez donc ne pas permettre au voiturier de continuer sa route avec l'excédant de poids constaté, et requérir au besoin la force armée, pour l'empêcher de passer outre (1) ; sauf à lui à se procurer d'autres moyens de transport pour sa surcharge (2), ou à déposer à ses frais les objets qui la composent dans une auberge ou tout autre endroit. »

« Ce n'est enfin que dans le cas (qui sans doute doit se présenter rarement) où l'opération de déchargement serait impraticable, que vous pourrez laisser partir la voiture ; mais vous aurez alors à en expliquer les raisons dans vos procès-verbaux. »

----

(1) S'il s'agit d'une diligence pesée au pont à bascule d'Alfort ; pendant que le préposé ira à Charenton requérir la gendarmerie, la diligence sera deux lieues plus loin.

(2) C'est ce que faisaient les voituriers quand le préposé exigeait l'exécution des réglements ; mais bientôt celui-ci apprenait qu'un peu plus loin, la surcharge était replacée sur la voiture ; il se voyait dupe d'une comédie ; ses scrupules étaient taxés de simplicité ; il finissait par se dire que les routes n'y gagnaient rien, que lui seul y perdait ; et sa conscience s'élargissait bientôt au niveau de celle de ses collégues.

12 septembre 1821. « Toute tolérance est d'autant plus abusive que les entrepreneurs de messageries, notamment, ne craignent pas de s'exposer à l'amende qui est couverte par le profit qu'ils retirent du transport des objets composant la surcharge, si on ne les force à les mettre bas. »

« M. le Directeur-général des ponts et chaussées, m'a invité à prendre des mesures pour que, nonobstant les réclamations auxquelles je ne lui ai pas laissé ignorer que l'exécution rigoureuse de l'article 44 du décret du 23 juin 1806 donnerait lieu, les voitures en surcharge, ne puissent, sans aucune exception, continuer leur route qu'après le déchargement de ce qui excède le poids fixé par les règlements. »

« Je vous recommande donc, de ne permettre sous quelque prétexte que ce soit (1) à aucune voiture publique ou employée au roulage, de continuer sa route avec l'excédant que vous aurez constaté, *soit d'office, soit sur la demande du conducteur ou du voiturier*, et d'exiger que cet excédant soit déposé dans une auberge ou autre établissement voisin, placé sur une autre voiture, ou bien enfin reporté où il a été pris, si la voiture commence son voyage ; en cas de refus, vous vous opposerez au passage de la voiture, sauf à requérir, au besoin, l'assistance de la force armée, etc...... »

Aucune voiture ne doit donc continuer sa route avec l'excédant *constaté soit d'office, soit sur la demande du conducteur ou du voiturier*; tels sont les termes de la circulaire ; or, dans quel cas le conducteur ou le voiturier demande-t-il à faire peser sa voiture ? — Dans celui prévu par l'article 12, ainsi conçu : « Pourront les propriétaires de voitures et les rouliers, avant de commencer leur voyage, se présenter aux ponts à bascule pour s'assurer du poids soit des voitures vides, soit des voitures chargées, et éviter par là de *s'exposer* à la contravention. Dans ce cas, ils paieront aux préposés, à titre d'indemnité, cinquante centimes pour une voiture vide et un franc pour une voiture chargée. » — Cet article ne parle pas du déchargement de l'excédant de poids, il dit au contraire que les voituriers éviteront de s'exposer à la contravention en payant aux préposés une indemnité

---

(1) La circulaire précédente admettait des cas d'impossibilité, celle-ci n'en admet plus.

de un franc. Les voituriers ont longtemps interprété ainsi cet article ;
— beaucoup même, l'interprètent encore de même. — Nous reconnaissons sans peine que cette interprétation est absurde en présence
de l'article 44 ; mais, que porte donc ce dernier? « Tout voiturier ou
conducteur *pris en contravention* pour excédant du poids fixé par le
présent décret, ne pourra continuer sa route qu'après avoir réalisé le
paiement *des dommages*, et déchargé sa voiture de l'excédant du poids
qui aura été constaté. » Il n'impose l'obligation de décharger qu'aux
voituriers pris en contravention ; ceux qui se présentent en vertu de
l'article 12, ne sont pas encore en contravention et n'ont légalement
pu causer aucun dommage à la route ; il faut donc, ou offenser la lo-
gique en leur permettant de continuer leur route sans avoir déchargé ;
ou offenser la loi en leur appliquant les dispositions de l'article 44.

Dans la pratique, lorsqu'un voiturier se présente en vertu de l'article 12, et refuse ensuite de décharger l'excédant, on dresse procès-
verbal et on le laisse continuer sa route avec la surcharge ; si l'on a
recours à la force armée, ce n'est que pour le contraindre à réaliser, entre les mains du préposé, le paiement des dommages — que notez bien il n'a pas encore causés — ou à fournir caution. Voilà ce qui
se fait, s'est toujours fait et a toujours été approuvé par l'administration et le Conseil de préfecture. N'est-ce donc pas admettre ce principe : qu'en commençant son voyage, et après avoir réclamé le bénéfice de l'article 12, le voiturier a le choix entre le déchargement et
l'amende, avec toutefois les risques d'un autre procès-verbal au deuxième pont à bascule qu'il franchira. S'il a ce choix au commencement
du voyage, on ne peut lui refuser au deuxième pont à bascule, de
choisir encore entre le déchargement et les risques d'une troisième
amende et ainsi de suite.

Pourquoi, dira-t-on, ne pas suivre les instructions, et recourir à
la force armée pour le faire décharger avant de continuer sa route?
Mais, s'il décharge, il n'est plus en contravention, d'après l'article 12,
et l'on aura employé la force pour empêcher cet homme de *s'exposer* à
la contravention ; s'il est en contravention, c'est qu'il a persisté dans
le refus de décharger, et l'on ne peut l'y contraindre, sans retomber
dans l'impossibilité de verbaliser. Impossible de sortir de ce cercle
vicieux.

Quoi qu'il en soit, nous maintenons, qu'ayant, à tort ou à raison, par des jugements et condamnations innombrables, approuvé les procès-verbaux dressés dans le cas ci-dessus, c'est admettre que les voituriers ont alors le choix entre le déchargement et le procès-verbal, et que dès lors, l'article 44, proclamé tant de fois *le plus important de la loi, qui à lui seul résume la loi toute entière, et sans lequel les ponts à bascule ne sont d'aucune utilité,* que cet article disons-nous, devient dérisoire, inapplicable, n'est plus qu'un non sens, et par conséquent la loi toute entière.

Les circulaires que nous citons n'étaient adressées qu'aux préposés du département de la Seine ; chaque Préfet dans son département, donnait et donne encore des instructions différentes, chaque Conseil de Préfecture interprétait et interprète encore la loi de diverses manières ; tel procès-verbal qui est confirmé dans le département de la Seine, serait annulé dans un autre et *vice-versâ.* — Comment toutes ces anomalies n'auraient-elles pas engendré d'innombrables abus ?

29 juin 1827. « Je vous ai adressé *souvent* la recommandation d'exiger dans tous les cas, le déchargement de l'excédant et néanmoins cette mesure est négligée généralement. Lorsque ceux qui surchargent leurs voitures savent que les préposés se bornent à dresser procès-verbal de la contravention sans faire opérer le déchargement, ils ne craignent pas d'enfreindre les règlements, parce que le bénéfice des surcharges excède presque toujours le montant de l'amende à laquelle ils sont condamnés (1). »

« La tolérance de la plupart des préposés est devenue si grande qu'on a mis en doute l'utilité des ponts à bascule, etc. »

20 août 1827. « Le 29 juin dernier, je vous ai renouvelé l'invitation d'exiger dans tous les cas, le déchargement de l'excédant du poids constaté. J'apprends cependant qu'on use encore d'une tolérance fort abusive. . . . . »

« Vous devez donc dresser procès-verbal contre toute voiture en surcharge, faire décharger l'excédant, et avoir soin, si le conducteur a

---

(1) L'augmentation de Poids accordée aux voitures, jointe à la concurrence, ont amené un tarif pour le prix des transports qui ne permet plus d'admettre cette hypothèse.

réclamé la faculté du pesage, d'en faire mention, afin que le Conseil de préfecture puisse apprécier les circonstances de la contravention.»

Faut-il répéter que si le conducteur a réclamé la faculté du pesage et déchargé, il ne peut être verbalisé contre lui, et que s'il a été déclaré en contravention, c'est qu'il n'a pas voulu décharger.

21 juillet 1836. « Le 18 mai dernier, un fardier appartenant au sieur Gatinet, de Bercy, a été trouvé en surcharge de 600 kil. au pont à bascule de la barrière du Trône. Le sieur T..., de service à ce pont, et qui avait admis cette voiture au pesage volontaire, en vertu de l'article 12 du décret de 1806, a laissé ce conducteur continuer sa route sans exiger le déchargement de l'excédant et sans dresser procès-verbal. Il est cependant évident que du moment où après le pesage effectué, le sieur Gatinet n'avait point déchargé la surcharge qu'il transportait, il n'avait plus le droit de jouir du bénéfice de l'article 12, et que procès-verbal de contravention devait être rédigé contre lui. »

On ne peut dire plus clairement que dans ce cas, le voiturier a le choix entre le déchargement et le procès-verbal de contravention ; la conséquence que nous en avons tirée, subsiste donc dans son entier, et la disposition de l'article 44, relative au déchargement, devient inapplicable. Nous ne saurions trop insister sur ce point, puisque à lui seul il est la condamnation de toute la loi ; qu'au lieu de la protection des routes, il ne s'agit plus que d'une amende à laquelle chacun est libre de s'exposer s'il y trouve bénéfice ; enfin, d'un impôt inéquitablement réparti.

« Vous devez vous pénétrer de l'importance d'une mesure sur laquelle l'administration appelle si souvent votre attention ; elle résume en quelque sorte à elle seule tout le décret de 1806, et c'est de sa stricte exécution que dépend le but qu'on a voulu atteindre, la conservation des routes. Les amendes ne sont pour ainsi dire qu'un moyen de répression secondaire ; le point principal, c'est la répression immédiate, le déchargement des surcharges. »

Puisqu'on n'a jamais pu obtenir la stricte exécution de cette mesure, l'institution des ponts à bascule a donc toujours manqué son but.

Ls 24 février 1837, le directeur général, en adressant aux préfets un exemplaire de l'ordonnance du 15 février 1837, leur recommade un surcroît de surveillance ; dans sa circulaire, on remarque le passage suivant :

« L'on s'est plaint jusqu'ici, *et avec raison*, de l'insuffisance des moyens employés par l'administration pour réprimer les contraventions aux règlements sur la police du roulage ; l'on s'est plaint surtout de la négligence, souvent même de la complicité frauduleuse des agents chargés de constater le poids des voitures ; il est nécessaire de mettre enfin un terme à d'aussi graves abus, et de ne rien négliger pour assurer sur tous les points l'exécution des règlements. Pour que la surveillance soit utile, il faut que le voiturier ne puisse, dans aucun cas, compter sur une impunité scandaleuse ; il faut enfin que le préposé lui-même soit maintenu rigoureusement dans la ligne de ses devoirs, et qu'il soit immédiatement révoqué de ses fonctions, au premier soupçon que l'on pourra concevoir sur sa probité. . . . . Il y va de l'intérêt de l'administration elle-même, dont la dignité est évidemment compromise par la corruption des agents qu'elle emploie. »

Nous terminons ici nos citations, persuadé qu'elles suffiront pour venir à l'appui de nos raisonnements et prouver l'inefficacité de la loi, quant à la conservation des routes.

VIII.

Inexactitude des ponts à bascule. — Abus qui en résultent.

Si la loi est vicieuse en elle-même, les instruments de pesage n'offrent aucune garantie d'exactitude.

Nous ne nous attacherons pas à reproduire les opinions produites à la tribune, ni à enregistrer les aveux du gouvernement lui-même ou de ses organes avoués ; mais nous donnerons quelques preuves irrécusables.

Il existe à chaque pont à bascule un registre dit : *registre des visas.* C'est à cette source que nous irons puiser.

Le 8 juin 1844, le registre du pont de la barrière de Charenton constate : « qu'après une vérification il a été reconnu qu'à partir de

6,000 kil. jusqu'à 9,900 kil., le pont donne des différences en plus qu
varient de 30 à 100 kil. »

14 août 1843, même registre : « Plusieurs pesages ont été effectués,
il a été remarqué qu'une voiture étant placée du côté de Paris, le pont
accuse au poids *beaucoup plus fort* que lorsqu'elle est placée à l'autre bout. »

Il n'y a pas de pont à bascule qui ne présente presque toujours une
différence assez importante, suivant le sens dans lequel on pèse la
voiture.

3 septembre 1843 : « Vu peser une voiture qui avait été trouvée en
surcharge au pont à bascule d'Enfer ; elle était partie de ce pont après
déchargement, au poids de 4,275 kil., et nous ne lui avons trouvé ici
que 4,100 kil.—Différence : 175 kil. entre les deux ponts. »

27 avril 1844 : « Les résultats entre le pont d'Alfort et le pont de
Charenton *diffèrent sensiblement*. »

28 décembre 1839, on lit sur le registre du pont d'Alfort : « Nous
avons vérifié le pont et avons trouvé sur un poids de 7,750 kil.,
250 kil. en moins, c'est-à-dire 7,500 kil. »

4 mai 1840 : « Un poids de 7,500 kil. n'a donné que 7,315 kil. »

9 octobre 1840 : « Ayant vérifié le pont, nous avons obtenu les résultats suivants : 1,000 kil. ont donné 1,025 ; 4,000, 4,050 ; 6,000,
6,050. Le pont peut être regardé comme donnant maintenant des
résultats exacts. »

On conviendra que c'est montrer peu d'exigence, si on veut bien
remarquer que cette différence de 50 ou même de 25 kil. a souvent
fait payer à un voiturier une amende de 27 fr. 50 c.

6 juillet 1843 : « Il a été effectué plusieurs pesées pour vérifier la
justesse du mécanisme, qui ont donné des résultats irréguliers. La
sortie du côté de Paris a donné 50 kil. de plus que l'entrée du même
côté. Le préposé qui néglige de 90 à 100 kil. de surcharge en sus des
60 kil. qu'il pense que le pont donne en plus du poids réel, demande
qu'on lui fasse connaître exactement la différence trouvée à la dernière
vérification. Le conducteur d'une voiture venant de Charenton a déclaré que le pesage de sa voiture au pont à bascule de Charenton n'a-
vait donné que son poids juste, bien qu'il se trouvât ici avoir une surcharge de 90 kil., toute déduction faite pour les différences inverses

que donnent ces deux ponts à bascule, laquelle différence a été négligée, suivant la coutume que le préposé m'a dit avoir. »

8 septembre 1843 : « On invite les préposés à ne point verbaliser contre les voitures en surcharge venant de Charenton , dont les conducteurs seraient munis d'un bulletin de pesage constatant qu'ils n'avaient que leur poids à Charenton, *si toutefois ces mêmes conducteurs consentent à retirer l'excédant qui leur sera trouvé ici.* »

La condition est passablement ridicule.

De nombreux visas du commencement de l'année 1844, avaient constaté que ce pont d'Alfort fonctionnait mal ; après plusieurs vérifications et réparations successives, il accuse enfin des résultats à peu près exacts ; et le 9 juin 1844 — toujours d'après le registre — on invite les préposés à verbaliser pour de faibles surcharges. Comment qualifier une telle recommandation, lorsqu'on n'ignorait pas que le mécanisme de ce pont se dérangeait d'un jour à l'autre ? Dès le 12 juillet suivant, un autre visa constate en effet que des différences avaient déjà été remarquées entre ce pont et celui de Charenton.

Les registres des visas de tous les ponts à bascule, fourniraient au besoin des renseignements aussi concluants.

Le 12 mai 1847, un chariot appartenant à MM. Chèze et Compagnie est déclaré en contravention pour 600 kilogrammes de surcharge au pont à bascule de Charenton ; trois quarts d'heure après, ce même chariot pesé au pont d'Alfort, est l'objet d'un deuxième procès-verbal constatant 700 kilogrammes d'excédant ; ce dernier, entraînant une amende double de celle encourue par le premier. — La veille, un chariot semblable avait été trouvé à Charenton, en surcharge de 350 kilogrammes. Le conducteur avait refusé de décharger et à Alfort on lui trouve 100 kilogrammes de moins que le poids autorisé.

Ces deux faits sont assez significatifs pour que nous ne poussions pas plus loin les citations.

Lorsqu'une vérification — et quelle vérification ! — fait connaître qu'un de ces instruments donne une différence *en moins*, cette irrégularité fixe à peine l'attention ; la différence étant dans ce cas à l'avantage du voiturier, on serait, dit-on, toujours en mesure de répondre victorieusement à une réclamation faite contre un procès-verbal dressé à ce pont. — C'est juste ; mais qu'un voiturier se présente à ce pont pour faire régler son chargement ; on lui donne l'assurance qu'il est dans les limites de la loi, et au pont à bascule suivant il est déclaré en contravention. Peut-on tromper plus indignement la bonne foi publique ?

Comment ! un justiciable viendra vous demander, à vous agent de l'autorité, s'il peut circuler sur toutes les routes avec le poids qu'il transporte ; après avoir reçu le prix de votre service, vous lui répondez affirmativement ; puis, quelques kilomètres plus loin, un autre agent lui dressera procès-verbal, et il aura beau exciper de son premier pesage, du bulletin qu'il aura retiré, protester contre l'exactitude d'un des deux instruments, on le condamnera à une forte amende sous pretexte qu'il peut avoir rechargé en route ? Mais, c'est un véritable guet-apens. — Ce fait est fréquent ; mais habitués à voir leurs plaintes repoussées, les voituriers ont fini par se courber devant les dispositions draconiennes de cette loi, et par accepter ces faits comme un malheur inévitable. — Comment se seraient-ils fait scrupule de recourir à la corruption ?

Si le pont à bascule accuse au contraire des poids trop élevés, non seulement le même cas se présente en sens inverse, mais encore quel préjudice ne causez-vous par à un voiturier en lui faisant décharger de nombreux colis qu'il eût été en droit de transporter.

Presque tous les ponts à bascule du département de la Seine ont surtout un vice — malgré tous les soins qu'on donne et qu'on pourrait donner à leur entretien — qui est de nature à être habilement exploité. Nous voulons parler de la lourdeur de leurs mouvements.

Placez sur le tablier d'un de ces ponts, une voiture pesamment chargée, — prenons pour chiffre 7000 kilog. — mettez un poids de 6800 kilog. seulement, sur le plateau de la balance, manœuvrez doucement le mécanisme *sans toucher au fléau*, augmentez successivement *par de petits poids*, jusqu'à ce que l'aiguille de la balance prenne la position verticale, doucement et sans secousse ; il n'y a peut-être pas un pont où vous n'arriviez ainsi au chiffre de 7100 kilog. ; parvenus là, ajoutez des poids jusqu'à 7300 ou 7400 kilog. puis retirez-les successivement et toujours par faibles parties, jusqu'à ce que l'aiguille reprenne une seconde fois la position verticale, et vous serez surpris de de ne plus trouver sur le plateau qu'un poids correspondant à 6900 k_g

environ. Les ponts où l'écart n'est pas plus considérable sont généralement les ponts les plus justes. Un agent a trouvé ainsi sur de lourds
chariots, jusqu'à trois et quatre cents kilogrammes de plus à la première opération qu'à la seconde. Les préposés caractérisent cette manière de procéder par cette expression : « *C'est peser en endormant son
pont.* » C'est surtout en hiver, lorsque la température agit sur les mé-
taux, que la neige ou la boue occasionnent de nombreux frottements,
que ces différences sont le plus remarquables.

Si un débitant était surpris à vendre sa marchandise avec une balance qui, suivant l'impulsion donnée, pencherait à volonté d'un côté
ou de l'autre, il encourrait des peines sévères : il y a même des agents
chargés de vérifier l'exactitude des poids et mesures ; et c'est pour
l'exécution d'une loi , qu'on se sert d'instruments défectueux ! Mille
faits authentiques, consignés sur les registres de pesage, témoignent
des différences importantes, souvent énormes, qui existent entre les
ponts à bascule, et l'on condamne à une amende de 27 fr. 50 c. un
malheureux qui gagne à peine cette somme en une semaine, parce que
cette machine accuse que sa voiture pèse 100 kilog. de trop?—Jamais
impôt aura-t-il été plus vexatoire?

En 1837, M. Ducos, dans son rapport s'exprimait ainsi :

« La plupart des membres de la chambre connaissent tout le vice
des ponts à bascule. Organisés d'abord dans le seul intérêt de nos routes, ils ont perdu absolument le caractère de leur institution. L'infidélité des agents préposés à leur garde, le défaut de surveillance de la
part de l'administration, l'absence ou l'inefficacité des moyens de répression , ont fait perdre à ces sortes d'établissements toute l'utilité
qu'ils devaient avoir et toutes les garanties qu'ils devaient présenter ;
ce ne sont plus aujourd'hui les conservateurs de nos routes, car ils ne
semblent avoir été établis que comme moyen d'organiser la fraude et
la corruption. »

« Nous ne saurions descendre dans la sale nomenclature de tous les
abus auxquels ils sont parvenus à donner lieu ; ils sont tels que la
commission n'eût pas hésité, quelque grave qu'eût été une pareille dé-
termination, à abandonner complètement le système de la limitation
du chargement par le poids, si elle n'avait obtenu du gouvernement
l'assurance formelle que des modifications radicales seraient apportées

dans le mode, dans les formes et dans la garantie de la vérification du pesage..... »

« La Commission demande l'abandon complet et absolu des ponts actuellement en exercice. Elle presse vivement l'administration de leur substituer les nouveaux instruments qu'elle a inspectés et auxquels elle donne son entière approbation. Ils sont l'œuvre d'un de nos ingénieurs les plus distingués, et l'on a pu déjà en apprécier les avantages, car l'un d'eux est depuis plusieurs mois en exercice à Alfort. »

On sait que ce pont à bascule s'est au contraire distingué par une plus grande défectuosité que ceux qu'il avait été destiné à remplacer. En 1843, M. d'Angeville disait à la tribune que M. l'Ingénieur en chef Baudesson avait déclaré qu'on ne pouvait en aucune manière se fier aux résultats donnés par cet instrument.

En 1842, M. Ducos disait donc : « Nous savons qu'un ingénieur des ponts et chaussées d'un haut mérite est parvenu récemment à confectionner des instruments de pesage de la plus grande précision. »

En 1843, il répétait encore : « Nous savons qu'un ingénieur des ponts et chaussées d'un haut mérite, est parvenu récemment à confectionner des instruments de pesage d'une grande précision. Ces instruments auraient le double avantage de pouvoir s'appliquer à tous les ponts à bascule déjà construits, et d'accuser le poids en dehors et en dedans du bâtiment, avec des caractères très apparents. »

On a vu l'expérience faite au pont à bascule de la barrière Clichy (voir page 5). Ainsi soit impuissance, soit qu'on ait abandonné cette étude, on a été contraint de maintenir ces anciens instruments qui avaient soulevé une sorte de réprobation générale.

IX.

Le Contentieux.

Les procès-verbaux des préposés sont crus jusqu'à *preuve contraire*. Les voituriers et conducteurs n'ont à Paris d'autre moyen de fournir cette preuve que la vérification à un autre pont à bascule qui n'offre pas plus de garantie que le premier. — Ils font rarement usage de cette faculté. — Dans les départements, cette vérification ne peut en aucune manière avoir lieu, les ponts étant placés à de trop grandes distances les uns des autres. Quel est par exemple le voiturier qui, après avoir fait régler son chargement en partant de Paris, et étant déclaré en contravention au pont à bascule de Melun, voudrait s'exposer aux frais d'un retour à Paris pour faire constater une erreur de part ou d'autre ? — Frais d'escorte par la gendarmerie; frais de nourriture des chevaux et du conducteur ; retard etc. — Tous préfèrent accepter le procès-verbal quand même. La perte de temps seule, suffirait pour que les diligences n'aient jamais recours à ce moyen. La *preuve contraire* est donc presque impossible à fournir; aussi tout procès-verbal pour surcharge donne-t-il généralement lieu à condamnation.

Les contraventions sont jugées administrativement par les Conseils de Préfecture ; mais, — à Paris du moins — ce conseil, que ses membres me pardonnent cette expression, n'est pour ainsi dire qu'une machine à signer, puisqu'il n'est pas libre, surtout en matière de surcharge, d'apprécier les circonstances de la contravention et qu'on lui conteste le droit d'annuler un procès-verbal quand la preuve contraire n'est pas apportée. Cent rapports de l'Ingénieur en chef au sujet des réclamations des contrevenants, contiennent ce principe : « qu'au Roi seul appartenant le droit de grâce, aucune circonstance atténuante ne peut être admise que dans une demande en remise, ou modération d'amende. » Ce principe, quelque juste qu'il puisse être, a pour conséquence de faire punir beaucoup d'innocents. Combien de voituriers n'ignorent-ils pas que ce recours en grâce leur est ouvert ? Dès qu'ils sont condamnés, et surtout quand ils ont consigné le montant de l'amende, ils font le sacrifice de leur argent. Si le pont à bascule a fait erreur ; qu'elle ait été ou non connue du préposé ; erreur ou iniquité, c'est 27 fr. 50 c. que cela leur coûte ! N'avons-nous pas d'ailleurs déjà dit qu'une remise d'amende ne s'étend plus maintenant à la part revenant au verbalisant, et que cette mesure qui avait pour but d'opposer une digue à la concussion, devient ainsi une source de nouvelles avanies ?

X.

Les procès-verbaux pour saillie d'essieu et moyeux — pour défaut de plaque. — Plaque fausse, irrégulière.

Dans tout ce qui précède, nous nous sommes occupés : de la loi, dans son rapport avec la conservation des routes ; des préposés, dans la partie de leurs fonctions relative à la vérification du poids des voitures. Nous jetterons maintenant un rapide coup-d'œil sur quelques délits dont la constatation est également dévolue aux préposés.

L'ordonnance du 29 octobre 1828, qui fixe la saillie des moyeux des voitures, n'ayant fait mention d'aucune tolérance, des instructions— qui se sont souvent contredites — ont dû combler cette lacune, sans doute involontaire. Toute contravention à ces règlements est punie d'une amende de 15 francs, dont le préposé a également le quart.

On se ferait difficilement une idée de l'excès d'intolérance que quelques agents apportent dans la constatation de ces délits, qui mériteraient d'autant moins de rigueur, qu'il suffit d'un changement de température pour que le bois des roues d'une voiture travaille plus ou moins, et que, d'un jour à l'autre, la saillie des moyeux augmente ou diminue.

L'instrument dont on se sert pour cette vérification est aussi d'une défectuosité telle qu'il laisse un vaste champ à la tromperie. Aussi, il y a tels employés qui constatent chaque jour de deux à quatre de ces délits, et se font, par cette facile industrie, une augmentation d'appointements de 1,200 à 1,500 francs par année.

Un cultivateur est déclaré en contravention au pont à bascule de la barrière de Charenton, pour une saillie de moyeux d'un centimètre environ ; il est contraint de consigner 16 fr. 50 c., montant de l'amende ; il se rend auprès d'un autre préposé, et sans dire un mot de sa mésaventure, lui demande si les moyeux de ses roues sont dans les limites légales ; cet agent ayant répondu affirmativement, le voiturier déploie le reçu qu'il a tiré de la somme que l'on vient de lui faire injustement payer. Ce fait, que nous sommes en mesure de prouver, nous dispense de rien dire de plus.

L'article 34 du décret de 1806, est ainsi conçu : « Tout propriétaire de voiture de *roulage* sera tenu de faire *peindre* sur une plaque de *métal*, en caractères apparents, *son nom et son domicile;* cette plaque sera clouée en avant de la roue et au côté gauche de la voiture; et ce, à peine de *vingt-cinq francs* d'amende ; l'amende sera *double*, si la plaque portait *soit un nom, soit un domicile faux ou supposé.* »

« Tout propriétaire de voiture de *roulage* », dit cet article 34. Mais qu'entend-on par voiture de roulage ? La circulaire suivante, adressée aux préposés de la Seine par le préfet de police, répond à cette question.

« Paris, 2 juillet 1836.

» Messieurs, aux termes de l'article 34 du décret du 23 juin 1806, rappelant les dispositions de l'article 9 de la loi du 3 nivôse an VI, titre II, les voitures de roulage proprement dites, sont seules astreintes à l'obligation de la plaque. Mais par extension aux dispositions de cet article, et en vertu des lois des 16, 24 août 1790, 17 mars et 23 juillet 1791, des règlements de police ont étendu cette obligation à toute espèce de voitures *servant au transport des marchandises.* Dans ce dernier cas, les procès-verbaux de contravention sont rédigés dans une forme spéciale et transmis au tribunal de simple police, aux termes de l'article 475 du Code pénal. »

« Cependant, quelques-uns d'entre vous n'ont pas égard à cette distinction et rédigent dans la forme affectée aux procès-verbaux pour des voitures de roulage proprement dites, ceux qui s'appliquent à des contraventions prévues par l'article 475 du Code pénal. Il en résulte que ces procès-verbaux qui, par suite de la forme dans laquelle ils en été rédigés, ne peuvent plus être déférés au tribunal de simple police, sont soumis au Conseil de préfecture qui se déclare incompétent, parce que ces procès-verbaux ne s'appliquent pas à des voitures de roulage proprement dites, *seules soumises à sa juridiction.* »

« Je vous invite en conséquence, lorsque vous aurez à constater des défauts de plaque, à examiner avec soin si les voitures qui en sont dépourvues, sont des voitures de roulage proprement dites, ou bien s elles rentrent dans la catégorie des *simples charrettes, tapissières, chars-à-bancs et autres voitures de même espèce*, afin d'appliquer, etc.....»

Cette circulaire reconnaissait deux catégories de voitures : l'une, de roulage proprement dites, et devant donner lieu à des procès-verbaux entraînant 25 francs d'amende—dont le préposé touche le quart ;—l'autre, de simples charrettes, tapissières, chars-à-bancs et *autres* voitures, et devant donner lieu à des procès-verbaux en simple police, qui ne rapportent rien aux préposés.

Au milieu du vague de ces instructions, comment les préposés n'auraient-ils pas toujours penché du côté de leurs intérêts, au risque de voir quelques-uns de leurs procès-verbaux rejetés par le Conseil de Préfecture. On ne pouvait éviter cet inconvénient qu'en instruisant les préposés des signes auxquels ils pourraient distinguer la voiture de roulage de la simple charrette. On ne l'a pas fait ; il eût été difficile, impossible même de le faire. En effet, une ordonnance du 26 novembre 1843 dit que les chars-à-bancs transportant des meubles, doivent être soumis aux dispositions de la loi du 7 ventôse an XII, relatives à l'obligation des jantes larges. Ils sont donc voitures de roulage ?

Une deuxième ordonnance du 10 décembre 1839 n'établit aucune distinction entre les voitures suspendues ou non, attelées de plus d'un cheval, à deux ou quatre roues, avec jantes au dessous de 11 centimètres. Elles sont donc voitures de roulage ?

Enfin, une troisième ordonnance du 29 janvier 1841, porte que « toute voiture qui sert au transport de marchandises est considérée comme voiture de roulage, à deux ou quatre roues, suspendue ou non, et assujétie à l'obligation des jantes larges. »

Toute voiture pouvait donc devenir voiture de roulage. Toutes en effet ont fini par être traitées comme telles : voitures de fruitier, de jardinier, de fleuriste, d'épicier, de boulanger, vides ou chargées, et le Conseil de Préfecture ne s'est nullement déclaré incompétent ; il a toujours condamné.

« Sera tenu de faire *peindre*, sur une plaque en *métal*, en caractères apparents, *son nom et son domicile*. » De là, les plaques qui n'étaient pas peintes ont d'abord été prohibées ; ceux qui, croyant mieux remplir les conditions de la loi, faisaient graver d'une manière ineffaçable leur nom et leur domicile, furent condamnés à 25 francs d'amende ;

il a fallu une ordonnance royale du 30 janvier 1837, pour admettre les caractères gravés ou en saillie.

De là encore, toute plaque dont les lettres *peintes* se sont trouvées en partie effacées : 25 francs d'amende.—Tout homme qui, s'apercevant qu'il a perdu sa plaque, en met provisoirement une en papier ou en carton : 25 francs d'amende. — Pour plaque en bois : 25 francs d'amende.—Pour inscription sur les panneaux d'une voiture, en caractères apparents du nom et du domicile du propriétaire : 25 francs d'amende.—Vous vous adressez, pour faire confectionner une plaque, à certain bureau situé quai des Orfèvres, vis-à-vis la rue de Jérusalem, et ayant une apparence de caractère officiel ; on peint sur un morceau de fer blanc votre nom, votre profession, votre rue et votre numéro, quelquefois même le quartier de la capitale dont vous faites partie, mais on omet d'indiquer que ce quartier se trouve dans *Paris* et que Paris se trouve dans le département de la Seine, et vous payez 25 francs d'amende pour cette omission.

Il serait curieux de faire le relevé des procès-verbaux pour plaque irrégulière qui ont été dressés à Paris, pendant les années 1844 et 1845. Nous ne prétendons pas que toutes ces irrégularités doivent être tolérées ; nous ne nous élevons que contre l'énormité de l'amende et pensons que la répression de ces délits devrait appartenir à la police ordinaire.

« L'amende sera *double,* si la plaque portait *soit un nom, soit un domicile faux ou supposé.* » — Par une disposition aussi sévère, la loi n'a certainement voulu punir que les voituriers qui, *dans l'intention* d'éluder les prescriptions législatives, feraient usage d'inscriptions fausses ou supposées ; cet avis est celui de M. Ducos qui, dans son rapport de 1843, s'exprimait ainsi :

« L'article 23, infligeant une pénalité extrêmement rigoureuse à toutes les énonciations fausses ou supposées de la plaque, nous avons pensé qu'il était tout à la fois juste et utile d'établir une distinction essentielle entre le fait et l'intention ; le fait peut être le résultat d'une erreur ; l'intention seule doit constituer la contravention ou le délit. Aussi, proposons-nous un amendement qui précise davantage le véritable motif de la loi : Tout propriétaire de voiture qui, dans l'intention d'éluder les dispositions législatives, aurait fait usage d'une plaque portant un nom faux ou supposé, encourra la pénalité correctionnelle prononcée par l'article. La bonne foi ou l'erreur doivent trouver grâce devant le juge. »

Ce sont là de nobles pensées, et cet amendement aurait certainement eu pour résultat de mettre fin à ces scandaleux procès-verbaux pour plaque irrégulière dont nous venons de parler ; mais nous demanderons à M. Ducos, comment, devant un tribunal administratif, un voiturier pourrait *prouver* — il ne faut pas oublier que les procès-verbaux des préposés sont crus jusqu'à preuve contraire — qu'il n'avait pas eu l'*intention* d'éluder la loi. L'ingénieur chargé du service à Paris conteste au Conseil de Préfecture le droit d'apprécier les circonstances d'une contravention ou d'un délit (voir page 76), et en appelle au Conseil d'État, de toute décision qui s'appuie sur la bonne foi ou l'erreur ; qui donc est compétent pour juger de l'intention ? Si cette compétence appartient au Conseil de Préfecture, pourquoi celui de la Seine ne prononce-t-il aucune annulation sans l'avis de l'ingénieur ? Si cet avis doit être prédominant, ce fonctionnaire devient ainsi juge et partie ; le Conseil de Préfecture cesse d'être un tribunal ; il est complètement annihilé.

Les procès-verbaux pour fausse plaque dressés sous la législation actuelle, constatent des délits qui sont presque exclusivement la suite d'une erreur ou d'une négligence. Ainsi, une voiture est l'objet de l'examen d'un préposé qui demande au conducteur le nom et l'adresse du propriétaire. — M. N..., demeurant à.... répond le conducteur. — Si la plaque n'est pas entièrement conforme à cette déclaration, le préposé en fait l'observation et apprend que le propriétaire déménagé depuis peu, a oublié de faire changer son adresse sur sa plaque. Cette déclaration du conducteur suffit pour motiver un procès-verbal et faire condamner le propriétaire à 50 fr. d'amende. Les conséquences sont les mêmes quand c'est une voiture qui a changé de propriétaire. C'est sur les dires irréfléchis d'un conducteur qui peut se tromper, avancer que son maître a acheté une voiture que souvent il peut n'avoir qu'empruntée ou louée, qu'on applique un article de loi déjà si implacable par lui-même.

Un préposé nous a affirmé avoir dressé deux procès-verbaux pour fausse plaque sur la même voiture, dans les circonstances suivantes :

Une voiture avait été signalée comme revêtue d'une plaque indiquant une adresse où le propriétaire était inconnu. Le préposé en faisant les questions d'usage, apprit que le conducteur de cette voiture venait récemment d'en devenir le propriétaire et qu'il avait à son tour omis d'y faire apposer une plaque indiquant son nom et son domicile. L'agent dressa deux procès-verbaux : un au premier propriétaire en vertu des instructions qu'il avait reçues, et un au deuxième propriétaire sur sa simple déclaration. 110 fr. furent immédiatement exigés pour consignation de la double amende, et ces deux actes furent légitimés au mépris de la maxime *non bis in idem*.—Quelle inqualifiable interprétation de la loi !

Lorsqu'un voiturier a encouru un procès-verbal quelconque, il faut, qu'il ait ou non consigné l'amende, que cet acte lui soit notifié. Si l'officier ministériel chargé de la notification ne trouve pas le délinquant à l'adresse indiquée, il en rend compte à qui de droit, et ces plaques sont signalées aux préposés comme portant une fausse indication de domicile. Dès qu'un agent rencontre cette plaque, il ne se contente pas de dresser un procès-verbal, il en dresse autant qu'il y a de voitures à la suite où se remarque la même négligence. C'est ainsi que vers 1842 ou 1843, les sieurs Richer, entrepreneurs de vidange, ont été condamnés à une amende énorme parce que, au lieu de plaques en métal, huit ou dix de leurs voitures qui se suivaient, n'avaient que des écriteaux en bois où on lisait leur nom et leur domicile.

Il y a en France, une foule de rouliers nomades qui ayant leur domicile légal dans une commune, sont néanmoins quelquefois plusieurs années sans y retourner ; les uns parcourent certaines routes de préférence, d'autres prennent à Paris un chargement pour Lyon, à Lyon pour Bordeaux, etc. Ces voituriers finissent souvent par être inconnus des autorités. S'ils encourent un procès-verbal, ils consignent l'amende ; mais lorsque ce procès-verbal est adressé au Maire, ce magistrat le retourne au Préfet comme concernant un inconnu. Ces voitures sont alors signalées comme ayant de fausses plaques. Sur réclamation des intéressés il a souvent été établi que l'erreur venait des autorités qui avaient mis de la négligence dans leurs recherches ; rien n'est moins surprenant ; mais ce qu'on aurait peine à croire, c'est le fait suivant :

Le 31 mai 1846, un voiturier dont les plaques portaient : Sansenet, à Vermenton (Yonne), est l'objet d'un procès-verbal pour saillie d'essieu et moyeux ; il consigne 16 fr. 50 c. ; copie du procès-verbal est adressée à Vermenton ; le maire de cette commune renvoie le procès-verbal en déclarant qu'il n'a pu le notifier parce qu'il ne connait pas le sieur Sansenet ; ces plaques sont signalées comme fausses ; trois procès-verbaux sont simultanément dressés par le même agent contre trois voitures à la suite ; le voiturier consigne 165 fr. ; il réclame ; prouve que son domicile est bien au lieu indiqué ; une circulaire informe les préposés qu'il n'y avait effectivement pas matière à verbaliser ; mais les trois procès-verbaux n'en ont pas moins été confirmés ; le sieur Sansenet n'a jamais pu rentrer dans les 165 fr. qu'il avait consignés, et le préposé a reçu le quart de cette amende. — De tels faits parlent-ils assez haut ?

Il n'y a pas un article de ces lois qui n'ait été tronqué, mutilé, interprété de mille manières diverses et dont on n'ait plus ou moins abusé. On taille, on ajoute suivant le caprice du moment, la volonté du chef. Ici on veut être juste, on est illégal ; là, on veut être légal on est injuste ; quelquefois on est l'un et l'autre ; partout l'arbitraire. Le particulier n'est informé d'une disposition nouvelle que par un procès-verbal et une condamnation à l'amende. Circulaires préfectorales ou de l'Ingénieur en chef, décisions du Conseil de Préfecture, arrêts du Conseil d'état ou des Cours Royales, c'est ce qui constitue toute la loi ; aujourd'hui on s'appuie sur l'un, demain sur l'autre ; les décisions les plus contradictoires sont tour à tour, suivant les circonstances, l'intérêt du moment, invoquées comme autorité. Joignez à cela conflit d'attributions entre l'administration des ponts et chaussées et la préfecture de police, lutte continuelle d'influence entre ces deux pouvoirs, et vous vous écrierez avec nous : quelle loi ! quel spectacle !

CONCLUSION.

Nous n'avons pas la prétention d'avoir épuisé notre sujet. Pour ne pas dépasser le cadre étroit d'un mémoire, nous avons même dû glisser sur plus d'un point important et en éliminer complètement beaucoup d'autres. Nous pensons néanmoins avoir suffisamment démontré que les ponts à bascule ne sont nullement protecteurs de nos routes, et que dès lors ils ont manqué leur but ; que les abus que la loi a enfantés étaient une conséquence forcée des vices qu'elle renferme ; que ce n'est qu'un impôt immoral prélevé sur l'industrie au profit d'une certaine classe d'employés ; qu'elle a déjà trop longtemps pesé sur l'industrie, qu'on a toujours pressurée en son nom, et qu'enfin de toutes les réformes que le pays réclame, il n'en est peut-être pas qui intéresse plus vivement la morale publique.

Nous ne doutons pas que l'administration des ponts et chaussées elle-même ne convienne unanimement, ainsi que le disait déjà M. l'Ingénieur Reaucourt, le 8 août 1835, « que la dignité du corps, comme l'utilité publique, exige que les ponts et chaussées renoncent enfin à faire la police illusoire du roulage ; » et que le gouvernement éclairé par les faits que nous avons signalés, n'adhère à cette réforme, s'il se trouve quelques hommes de talent qui consentent à se faire auprès de l'assemblée Nationale les avocats de cette belle industrie des transports qui a tant contribué à la prospérité publique, au progrès des lumières, et qui, après tant de services rendus au pays, succombe maintenant dans une longue agonie devant le développement de nos voies de fer, dont on peut dire qu'elle a préparé la prospérité ; les avocats de l'agriculture qui pourrait certes utiliser d'une manière plus profitable à la France, l'énorme somme que les ponts à bascule prélèvent annuellement sur elle ; les avocats de cette masse de petits industriels, voituriers, camionneurs, entrepreneurs de transports à petite distance, classe nécesssiteuse, peu lettrée, facile à tromper, forcée jusqu'ici de se résigner à voir le pain quotidien de sa famille, le produit de ses sueurs d'une semaine, ou ses pénibles épargnes, aller grossir le supplément d'appointements que des employés trouvent moyen de se faire par des procès-verbaux rarement justes et souvent illégaux ; les avocats, en un mot, du commerce et de l'industrie.

Nous ne pouvons croire que cette loi rencontre maintenant un seul défenseur consciencieux et convaincu. Deux seules raisons, en effet, pouvaient être invoquées en sa faveur : l'intérêt des routes et l'intérêt du trésor. La première est une question vidée, et si les routes ne sont pas protégées par les ponts à bascule, l'augmentation de crédit à affecter à leur entretien, ne serait pas ou serait à peine sensible.

Quant à la diminution des recettes provenant des amendes, nous ferons observer qu'il ne s'agit pas d'une loi fiscale, mais bien d'une loi préservatrice, et nous demanderons d'ailleurs, si les quatre ou cinq cent mille francs d'amendes que le trésor peut à peine encaisser annuellement, peuvent sérieusement être assez importants dans le budget pour nécessiter le maintien de la législation la plus draconienne, la plus immorale, la plus scandaleuse qui ait pu peser sur un pays civilisé. Enfin, nous donnons un moyen moral, non seulement de remplacer, mais de décupler cette somme, en proposant d'établir, à titre de droit annuel de circulation, un impôt sur les voitures; impôt qui, nous n'en doutons pas, serait préféré aux ponts à bascule par la presque totalité des propriétaires de voitures.

Il serait inutile d'entrer ici dans de longs développements; si le principe était admis, ce serait un projet de loi à mettre à l'étude; nous nous bornerons à quelques courtes observations.

On compte d'après des statistiques établies, environ 32 mille voitures destinées aux choses qui circulent journellement dans la capitale. En prenant ce chiffre pour base, nous devons être bien au-dessous de la vérité en évaluant en moyenne à 20,000 par département, le nombre des voitures imposables: soit en nombre rond 1,500,000 voitures. Prenant maintenant aussi par moyenne, le chiffre de 3 francs par voiture, nous arrivons à un revenu annuelle de 4,500.000 francs dont le recouvrement nécessiterait bien peu de frais.

Un tiers de l'impôt appartiendrait à l'état et serait applicable à l'entretien des routes nationales. Un tiers au département et serait applicable aux routes départementales. Enfin le dernier tiers appartiendrait à la commune et serait applicable aux chemins vicinaux. L'État n'entrerait pour rien dans les frais de perception et recensement qui seraient entièrement à la charge de la commune.

Dans le rapport de M. Ducos en 1843, on lit encore :

« Le système le plus large en apparence, consiste à proclamer la
« liberté absolue des transports et comme correctif, à affecter à la
« conservations de nos routes, des allocations de fonds plus considé-
« rables.......... Il serait permis de se demander s'il n'y aurait pas
« une véritable injustice à soumettre tous les contribuables à des

« dépenses extraordinaires ou exceptionnelles occasionnées par les
« convenances d'une seule industrie. »

Ce que nous proposons ne répondrait-il pas à cette objection ; car
en admettant que la suppression des ponts à bascule dût amener
un accroissement de dépenses, tous ceux qui empruntent les routes
participeraient aux frais de leur entretien, et l'on ne serait plus
témoin de ces inégalités choquantes : — Une voiturier inoffensif condamné à des amendes ruineuses ; — Une entreprise de roulage accéléré qui par erreur ou force majeure aura mis sur une voiture quelques
kilogrammes de trop, comdamnée pour ce fait à autant de fois 27 fr.
50 c. d'amende que cette voiture aura subi l'opération du pesage : —
Tandis que sur des routes dépourvues de ponts à bascule, d'autres
voituriers peuvent, sans crainte, transporter des poids illimités, ont
ainsi de fait une entière liberté de chargement, et ne participent pas à
la réparation des dommages qu'ils occassionnent.

En adhérant à la suppression des ponts à bascule, le gouvernement
pourrait donc, s'il le juge nécessaire, se réserver de présenter ulté-
rieurement une loi sur l'établissement de ce nouvel impôt ; mais,
avant tout, qu'il abroge celle qui existe, car, chaque jour d'existence
qu'on lui laisse éclaire une iniquité de plus.

TABLE DES MATIÈRES.

www.ingramcontent.com/pod-product-compliance
Ingram Content Group UK Ltd.
Pitfield, Milton Keynes, MK11 3LW, UK
UKHW022108070726
13613UKWH00002B/991